JN015932

ふんわりとろける 米粉のシフォン

中山真由美

家の光協会

私が主催するシフォン教室の米粉シフォン講座は、
開講の告知をすると、予約が殺到するほどの人気の講座です。
私の米粉シフォンは、従来の小麦粉シフォンの、ふわふわ、しっとり、
とろける口溶けはそのままに、米粉のもちっとした食感が
ほどよくプラスされた体に優しいグルテンフリーのシフォンです。

私は15年以上にわたり、独学で小麦粉のシフォン作りを研究してきました。
試行錯誤しながら生み出したシフォンの種類は200以上になります。
長年にわたりつちかってきた小麦粉シフォン作りのノウハウを最大限に
生かし、米粉シフォンに反映させたレシピをまとめたのが本書です。

ただし、米粉と小麦粉では、粉の性質が全く異なります。
単に小麦粉を米粉に置き換えて作っただけでは、もちもち感だけが際立つ、
ずっしりとした重厚感のあるシフォンになりがちです。
ふんわりとした口当たりの軽い質感と、とろける食感を実現するために
材料の配合に工夫をこらしました。

元来、粒子が細かい小麦粉は、種類が違っても、その吸水率にさほど違いは
見られないので、同じ配合でシフォンを作ることが可能です。
それに引き換え米粉は、その種類ごとに粒子の粗さと吸水率が異なるので、
との種類でもよいというわけではありません。
さまざまな米粉を試した結果、私がセレクトしたのは、
製菓用のミズホチカラです。

本書では29種類のレシピをご紹介しています。
SNSでみなさんに意見を聞いた「作ってみたいシフォン」の中から
人気の高かったものを選んでいます。
小さなお子さんからご年配の方まで、あらゆる世代の方が食べたいと思う
定番の味に特化してレシピを考案しました。
中には難易度の高いものもありますが、基本のバニラシフォンをマスター
したら、ご自身でレベルアップをはかりながら挑戦してみてください。
この本が米粉シフォン作りのバイブルとなり、
皆さんの手元でいつまでも活用されることを願っています。

中山 真由美

contents

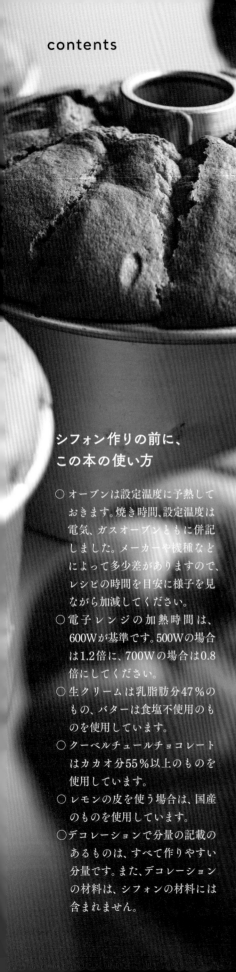

はじめに ····· 2

米粉シフォンの基本の材料と道具 ····· 6

part1
1つの生地で作る
定番シフォン ····· 8

 基本のバニラシフォン
徹底レッスン ····· 10

 ミルクティー ····· 20

 メープル ····· 22

 コーヒー ····· 24

 きなこ ····· 26

 黒みつ ····· 26

 さくら ····· 28

 かぼちゃ ····· 30

 クリームチーズ ····· 31

 栗 ····· 34

シフォン作りの前に、この本の使い方

○ オーブンは設定温度に予熱しておきます。焼き時間、設定温度は電気、ガスオーブンともに併記しました。メーカーや機種などによって多少差がありますので、レシピの時間を目安に様子を見ながら加減してください。

○ 電子レンジの加熱時間は、600Wが基準です。500Wの場合は1.2倍に、700Wの場合は0.8倍にしてください。

○ 生クリームは乳脂肪分47％のもの、バターは食塩不使用のものを使用しています。

○ クーベルチュールチョコレートはカカオ分55％以上のものを使用しています。

○ レモンの皮を使う場合は、国産のものを使用しています。

○ デコレーションで分量の記載のあるものは、すべて作りやすい分量です。また、デコレーションの材料は、シフォンの材料には含まれません。

part2

フィリングを加える
アレンジシフォン …… 36

 オレンジ＋
オレンジピール …… 38

 ココナッツ＋
ラムレーズン …… 40

 パイナップル＋
チーズ …… 42

 レモン＋
グレープフルーツ …… 44

 レモン＋
ポピーシード …… 45

 バナナ＋
ドライフルーツ …… 48

 カカオ＋
クランベリー …… 50

 アーモンド＋
ピスタチオ …… 52

 ほうじ茶＋
チョコチップ …… 54

 緑茶＋桜花 …… 56

 粒あん＋バター …… 58

 塩麹＋甘納豆 …… 59

 にんじん＋クミン …… 62

part3

2つの生地の
模様を楽しむ
上級シフォン …… 64

 チョコマーブル …… 66

 コーヒーマーブル …… 67

 シナモンマーブル …… 67

 キャラメルゼブラ …… 72

 抹茶ゼブラ …… 73

 ラズベリーゼブラ …… 73

シフォンケーキNG例の原因と対策 …… 78

材料

米粉シフォンの基本の材料と道具

基本のバニラシフォンで使う材料は、いたってシンプルです。
また道具も専用のシフォン型さえあれば、
どのお菓子作りでも使う道具で大丈夫。すぐに挑戦できます。

❶ 卵

鮮度のよい卵を使いましょう。新鮮な卵は卵白にコシがあり、力のあるメレンゲができます。使う直前まで冷蔵しておきます。g(グラム)計量なので、卵のサイズは問いません。

❷ 牛乳

水分は水ではなく、牛乳を使用しています。成分無調整の製造年月日の新しいものを使いましょう。

❸ 米粉

粒子の細かい米粉は単体で使う場合はふるう必要がありません。本書では製菓用の熊本県産ミズホチカラを使用しています。

❹ グラニュー糖

一般的なグラニュー糖でもかまいませんが、製菓用の微粒子タイプがよりおすすめです。粒子が小さい分、冷たい卵白にもすぐ溶けてメレンゲを作りやすくなります。

❺ 米油

本書では米油を使用しています。菜種油やキャノーラ油などの植物性のサラダ油でもOKです。

❻ レモン汁または酢

メレンゲの気泡を安定させるために少量のレモン汁または酢を使います。メレンゲを作る途中で何回かに分けてほんの少しずつ加えるのがコツです。

❶ パレットナイフ

ケーキを型から取り出すときや、シフォンケーキに生クリームなどをデコレーションするときに使います。しなるタイプよりかためのものが使いやすいでしょう。

❷ ゴムべら

卵黄生地とメレンゲを合わせるときに使います。ゴムの部分に適度な弾力性のあるもので、継ぎ目のない柄まで一体化したものを選んで。

❸ 泡立て器

卵黄生地を混ぜ合わせるときに使います。長さ30cmほどでワイヤーの数が多く、柄のしっかりしたものを。

❹ 計量カップ

液体状のものを量るのに使います。目盛りが見やすい200mlカップと、少量のものが量れる5ml刻みの小カップがあると便利です。

❺ 粉ふるい

米粉にほかの粉を合わせるときはふるう必要があります。なるべく目の細かいステンレス製を。

❻ ハンドミキサー

電動式の泡立て器。シフォンケーキのメレンゲを作る際の必須アイテムです。羽根は根元より先が細くなったものではなく、写真のようなまっすぐなものが泡立てやすいです。

❼ シフォンケーキ型

中央を筒状にして、中にも熱が伝わり、むらなく焼けるように工夫された専用の型。本書では直径17cmのものを使用していますが、直径17cmのトール型でも大丈夫です。熱伝導率が高く、冷めやすいアルミ製で、継ぎ目のないタイプがおすすめ。

❽ デジタルスケール

目盛り表示が見やすく、1g単位で量れるデジタルスケールを。容器の重さを0にして量れる風袋引き機能があると便利です。

❾ カード

本書では、最終生地を確認する際に生地を大きく返すときと、型に生地を入れるときに使用しています。

❿ ボウル

直径21cmと18cmのものを使用しています。厚手のステンレス製を選びましょう。きれいに洗ってよく水気を拭き取ってから使うこと。

part1

1つの
生地で作る
定番シフォン

基本のバニラシフォンをはじめ、
1つの生地そのものを味わう定番シフォンです。
製作工程がシンプルなので、手軽に始められます。
食べ飽きないおいしさで、くり返し作りたい
レシピをご紹介します。

基本のバニラシフォン
徹底レッスン

1つの生地そのものを味わう定番シフォンの中でも
ベーシックなバニラシフォンの作り方を解説します。
ふんわりとろけるシフォンのコツをマスターしましょう。

材料（直径17cmのシフォン型1台分）

卵黄生地	メレンゲ
卵黄 … 60g	卵白 … 160g
牛乳 … 70g	グラニュー糖 … 75g
米油 … 40g	レモン汁または酢 … 5㎖
バニラビーンズ … 3cm	
米粉 … 85g	

*直径20cmのシフォン型の場合は、
すべての材料を1.66倍で計量する。

下準備

・卵白は卵黄生地を作っている間、ボ
ウルごと冷凍庫、または冷蔵庫で冷
やしておく。
・湯せん用のお湯を沸かしておく。
・オーブンは180℃に予熱する。

「卵黄生地を作る」

1

ボウルに卵黄を入れ、泡立て器で溶きほぐす。

2

牛乳、米油の順に加えてそのつど混ぜる。

3

バニラビーンズ*のさやに縦に切り目を入れ、パレットナイフなどでさやから種をしごき出し、2に加えて混ぜる。

バニラビーンズペースト　　バニラオイル

*バニラビーンズの代わりに好みに応じて、バニラビーンズペーストやバニラオイルを使用してもよい。バニラビーンズペーストを使用する場合は、ほんの少量（小さじ1/8程度）を使う。バニラオイルを使用する場合は、バニラシフォンは5〜6ふり、ほかのシフォンは2〜3ふりを目安に。

4

3のボウルを泡立て器で混ぜながら、湯せんに20秒ほどかける。

5

4のボウルに米粉を加え、ダマがなくなるまで泡立て器で混ぜる。泡立て器は手首だけを使って素早く動かすとよい。

「メレンゲを作る」

6

ボウルに卵白を入れ、ハンドミキサーの羽根をボウルの中央に垂直になるように置く。卵白がほぐれるまで低速で泡立て、細かい気泡がボウルの側面に向かって広がるまで待つ。

7

ボウルの側面には細かい気泡とともに粗めの気泡も広がってくるので、羽根をボウルの側面に当てながら、粗めの気泡を消す。

8

再度、羽根をボウルの中央に置き、羽根周りの卵白に保形性が出てきて、羽根に卵白がからみやすくなってきたら、高速に変える。

【基本のハンドミキサーの動かし方】

{ メレンゲの密度（締まり具合）を整えるための動かし方 }

羽根を素早く動かすことで密度が上がり、メレンゲが締まっていく。

a

ハンドミキサーの動き

ボウルの動き

ボウルを手前に回しながら、羽根をボウルの側面に軽く打ちつけ、小刻みに小さい円を描くようにしながら上方向に動かす。羽根は浮かせずにボウルの底にいつでも触れているようにすること。

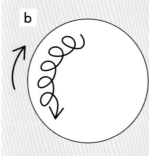

b

ボウルを上方向に回しながら、羽根をボウルの側面に軽く打ちつけ、小刻みに小さい円を描くようにしながら下方向に動かす。羽根は浮かせずにボウルの底にいつでも触れているようにすること。

{ メレンゲの空気量（かさ）を整えるための動かし方 }

羽根を大きく動かすことで空気を取り込み、メレンゲの空気量（かさ）が増えていく。

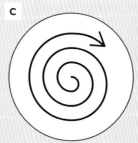

c

ボウルは動かさず、羽根を真ん中から渦巻き状に大きく振りながら動かす。

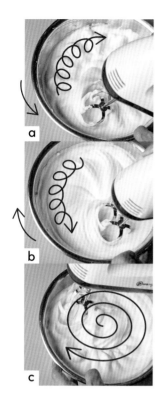

9

左ページの【基本の
ハンドミキサーの動
かし方】ⓐ→ⓑ→ⓒ
の順で動かしながら、
もったりとした保形性
のある状態になるま
で1分前後泡立てる。
羽根の跡が筋状に残
るのを目安にするとよ
い。ボウルの縁には
水分を含むメレンゲ
がたまりやすいので、
羽根を当て、こするよ
うにする。

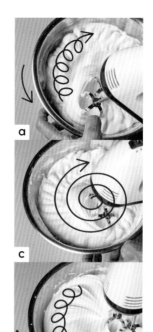

12

【基本のハンドミキサ
ーの動かし方】ⓐ→
ⓒ→ⓑの順で動か
しながら、もったりと
した保形性のある状
態になるまで30〜40
秒泡立てる。ボウル
の縁には水分を含む
メレンゲがたまりやす
いので、羽根を当て、
こするようにする。

10

レモン汁または酢を
少量加え、【基本の
ハンドミキサーの動
かし方】ⓑで全体に
ゆっくりと浸透させる。
メレンゲに酸を加え
ることで、卵黄生地と
混ぜ込んだときにゆ
るみにくい生地に仕
上げられるので、数回
に分けて少量ずつ加
えること。

13

2回目の砂糖を加え
る。1回目の砂糖を
加えたときと同様の
手順で、ⓐ→ⓒ→ⓑ
の順に羽根を動かし
ながら、しっかりと羽
根の跡が筋状に残る、
もったりとした保形
性のある状態になる
まで30〜40秒泡立
てる。砂糖を加えるご
とに、だんだんとつや
感が増してくる。

11

砂糖は1/3量ずつ、3
回に分けて加える。ま
ずここで1回目の砂
糖を加える。ハンドミ
キサーの羽根をゆっ
くりと大きく動かしな
がら、砂糖を全体に
広げる。

14

3回目の砂糖を加え
る。羽根をゆっくりと
大きく動かしながら、
砂糖を全体に広げる
とよい。

15

【基本のハンドミキサーの動かし方】 a → c → b の順に動かしながら、しっかりと羽根の跡が筋状に残る、もったりとした保形性のある状態になるまで40〜50秒泡立てる。真珠のような抑えられた光沢のつや感になってくるのを目安にするとよい。ボウルの縁には水分を含むメレンゲがたまりやすいので、羽根を当て、こするようにする。

16

レモン汁または酢を少量加え、【基本のハンドミキサーの動かし方】 b で全体にゆっくりと浸透させる。ここで低速に変える。

17

高速で立てていたメレンゲはきめが粗いので、【基本のハンドミキサーの動かし方】 a と b をゆっくりとした動きでくり返す。ふんわりとしたのびのある状態になるまで、1分〜1分30秒泡立てて、きめを整える。

18 【メレンゲのチェックポイント】

☑ ハンドミキサーを止めて、ボウルの底に羽根をしっかりつけたまま、羽根を向こう側に軽く押したとき、押し返すような弾力が感じられる

☑ 真珠のような抑えられた光沢のつや感がある

☑ ボウルを逆さまにしても落ちないかたさになっている

＊表示時間は目安。高速でも回転数が少ないハンドミキサー（1分間に1000回転以下）を使用する場合は、メレンゲの完成までの時間が倍近くかかる。

「卵黄生地とメレンゲを混ぜる」

19

5のボウルにメレンゲを1/3量ずつ3回に分けて加える。1回目の1/3量のメレンゲを加える。この1回目のメレンゲは、卵黄生地の上でプカプカと浮いている状態で、混ぜにくい。ゴムべらをメレンゲの上から切り込むように入れ、ボウルの底までしっかりつける動きを、リズムよく左右交互にくり返す。

20

右の【基本のゴムべら混ぜ】と同様の手順でゴムべらを動かしながら、8〜12回混ぜる。このとき、まだ、メレンゲの白い部分が見えていてもかまわない。卵黄生地とメレンゲの混ざり具合は6割程度でよい。

【基本のゴムべら混ぜ】

◎ゴムべらの動かし方

 →

ボウルの内側の側面に沿って入れ、

 →

ゴムべらの角度は保ったまま、ボウルの底をこするようにして

 →

ゴムべらの真ん中がいつでもボウルを押さえている親指の位置にくるように縁まで動かす。

ゴムべらをボウルの右側の側面に沿って入れ、ボウルの底をゴムべら全体でこするようにしながら、ボウルの縁まで動かす。ゴムべらの通る位置は時計の3時から9時の方向。ボウルを反時計回りに1/6回転ずつ回しながら、一定のリズムでこれをくり返す。

21

2回目の1/3量のメレンゲを加える。1回目のメレンゲを加えたときよりは、卵黄生地にメレンゲが入りやすくなってはいるが、まだ混ぜにくいので、ゴムべらを**19**と同様の手順で10回ぐらい動かす。さらに【基本のゴムべら混ぜ】と同様の手順でゴムべらを動かしながら、8〜12回混ぜる。

22

3回目の1/3量のメレンゲを加える。ゴムべらを**19**と同様の手順で7〜8回動かす。この時点でやっとメレンゲが卵黄生地に入りやすくなり、ゴムべらがスムーズに動いて混ぜやすい状態になるので、【基本のゴムべら混ぜ】と同様の手順で、卵黄生地とメレンゲが均一になるまで30〜50回混ぜる。

23　【最終生地のチェックポイント】

カードを使って、生地全体を大きく返しながら最終チェック。

- ☑ メレンゲの白い塊がない
- ☑ 生地につやが出てふんわりとしている
- ☑ ゆるんでいない
- ☑ 空気の穴がない

【ゴムべらの正しい使い方を練習】

メレンゲの泡を消さずに、卵黄生地と均一に混ぜるためにはゴムべら混ぜがポイント。この混ぜ方がきちんとできていると、ボウルにつく生地の跡が写真のようになります。ゴムべらは必ずボウルの底をこするようにして、縁まで動かします。ボウルに残った生地や水溶き米粉などで練習してみましょう。

「型に生地を入れる」

24

カードにのる分だけ
生地をすくい、型にそ
っと置く。型を軽くゆ
すり、型の側面に生
地をつける。

25

次の生地を入れると
きは、同じく、カード
にのる分だけ生地を
すくい、すでに入れた
生地に少し重ねるよ
うにしながら置く。生
地を入れるたびに型
を軽くゆすり、型の側
面に生地をつける。

26

25の作業をくり返し、
全量を型に入れる。

27

焼き上がりの形状を
整えるために、生地の
表面を筒側から型の
側面に向かって、ゴム
べらでならす。

--- 生地量について ---

生地作りが成功した場合、17cm型で焼くと、型に
対して九.五分目〜十分目の生地量となり、焼成後、
冷めたときの立ち上がりは、型から4〜5cm前後と
なります。本書では、すべて17cm型で焼いていま
すが、17cmトール型で焼いた場合でも、生地作
りが成功すれば、型に対して八分目〜八.五分目の
生地量となり、焼成後、冷めたときの立ち上がりは、
型から1〜2cm前後となります。

「焼く」

28

予熱したオーブンに入れて焼く。半分ほど時間が経
過したら、焼きむらを防ぐために型の向きを変える。

焼き時間

ガスオーブン：	180℃　20〜24分
電気オーブン：	180℃　25分

「冷ます」

29

焼き上がったらすぐにびんなどに逆さに立てて、完全に冷ます。冷めたらびんからはずし、逆さにしたままラップで密封して大きめのポリ袋に入れ、口を結ぶ。冷蔵庫で一晩おくと、ケーキが落ち着いて型からはずしやすくなる。

「型からはずす」

◎手ではずす

30

側面の生地を両手で下に向かって軽く押しながら一周する。側面の縁から1cm程度生地をはがす。

31

筒の部分も同じように人さし指、中指、薬指の3本で1cm程度、軽く下に押す。

32

型をひっくり返し、底面に親指を当てて下にぐっと押し、型を持ち上げてはずす。

33

底面の筒の中に利き手と逆の手を入れて支える。利き手をケーキに添えて下に押し下げるように一周させてはがす。底面の縁を両手で持ち、下に向かって筒をトンと打ちつけ、底面を引き抜く。

◎パレットナイフではずす

34

ケーキの縁を指で筒側に引っ張りながら、型と生地の間にパレットナイフを1回1回縦方向に入れて一周させる。

35

筒部分と生地の間にも底面に当たるまで、パレットナイフを1回1回縦方向に入れて一周させる。

36

逆さまにして型からはずす。

37

底板と生地の間にパレットナイフを差し込んで、底板をこするように一周させてはがし、上下を返して底板を抜き取る。

38 【型出し後のチェックポイント】

☑ 底上げ（p.79参照）がない
☑ 筒周りの空洞がない
☑ カット断面に焼き縮みがない

シフォンケーキの保存と食べごろ

この本で紹介しているシフォンケーキの消費期限は焼いた日を含めて5日間で、冷蔵保存が基本です。型出し後すぐから4日目ごろまでがおいしい食べごろです。冷蔵庫から出したての冷たい状態でもおいしいですが、完全に室温に戻してから召し上がると、米粉シフォン本来の質感が楽しめます。シフォンケーキは冷凍保存もできます。カットしてラップで包み、におい移りを防ぐために冷凍用保存袋などで密封してから冷凍庫へ。食べるときは冷蔵庫に移し解凍します。2週間以内をめどに、早めに食べましょう。

ミルクティー

まさにミルクティーを飲んでいるかのようなのどごしで、
一度食べたら忘れられない風味豊かなシフォンです。
生地に加えた紅茶葉が味のアクセント。

材料 （直径17cmのシフォン型1台分）

卵黄生地

- 卵黄 … 60g
- 牛乳 … 50g
- 紅茶葉（アッサム）… 5g
- 米油 … 40g
- バニラビーンズペースト … 小さじ1/8
- 米粉 … 85g

メレンゲ

- 卵白 … 165g
- グラニュー糖 … 75g
- レモン汁または酢 … 5mℓ

紅茶葉（アッサム）… 2〜3g

焼き時間

ガスオーブン：	180℃　22〜24分
電気オーブン：	180℃　25分

下準備

- 卵白は卵黄生地を作っている間、ボウルごと冷凍庫、または冷蔵庫で冷やしておく。
- 牛乳と卵黄生地の紅茶葉を耐熱容器に入れ、電子レンジで1分加熱し冷まして、紅茶液を作っておく。
- 紅茶葉2〜3gはミルにかけて粉末にしておく。
- 湯せん用のお湯を沸かしておく。
- オーブンは180℃に予熱する。

作り方

1 卵黄生地を作る。冷ましておいた紅茶液を茶こしでこし（写真a）、そこに牛乳（分量外）を加えて75gにする。

2 ボウルに卵黄を入れて泡立て器で溶きほぐし、1、米油、バニラビーンズペーストの順に加えて混ぜる。

3 2のボウルを泡立て器で混ぜながら、湯せんに20秒ほどかける。米粉を加えて、ダマがなくなるまで混ぜる。

4 基本の「メレンゲを作る」（→p.12・6〜18）を参照して、卵白にグラニュー糖とレモン汁または酢を加えて泡立て、しっかりした均一なメレンゲを作る。グラニュー糖は3回に分けて加え、レモン汁または酢は少量ずつ数回に分けて加える（写真b）。

5 基本の「卵黄生地とメレンゲを混ぜる」（→p.15・19〜23）と同様の手順で卵黄生地にメレンゲを3回に分けて加え、ゴムべらでメレンゲの泡を消さないように卵黄生地に均一に混ぜ込む。生地につやが出始めたらストップし、生地の肌面を出し、粉末にした紅茶葉適量を散らしてゴムべらで大きく混ぜる。再び生地の肌面を出し、紅茶葉を散らして混ぜることを3〜4回くり返す（写真c）。生地につやがあり、ゆるんでいなければOK（写真d）。

6 基本の「型に生地を入れる」（→p.17・24〜27）と同様の手順で5の生地を型に入れ、予熱したオーブンで焼く。

7 焼き上がったら逆さにして冷まし、基本の「型からはずす」（→p.18・30〜37）と同様の手順でケーキを型からはずす。

memo

紅茶葉は好みでリーフでもCTC（茶葉をつぶして砕いて丸めたタイプ）でも。紅茶の「香り」を強調したい場合はリーフ、「味」と「コク」を強調したい場合はCTCを選びましょう。

メープル

メープルシュガーの甘い香りとすっきりとした甘みを生かしたシフォン。
このままでも十分おいしいけれど、華やかさを演出するなら
ホイップクリームを添え、メープルシロップをたらりで、どうぞ。

材料（直径17cmのシフォン型1台分）

卵黄生地

卵黄 … 60g
牛乳 … 70g
米油 … 40g
メープルフレーバー … 2〜3ふり
米粉 … 85g

メレンゲ

卵白 … 160g
メープルシュガー … 75g
レモン汁または酢 … 5mℓ

焼き時間

ガスオーブン：	180℃	20〜24分
電気オーブン：	180℃	25分

下準備

・卵白は卵黄生地を作っている間、ボウルご
　と冷凍庫、または冷蔵庫で冷やしておく。
・メープルシュガーはふるう。
・湯せん用のお湯を沸かしておく。
・オーブンは180℃に予熱する。

作り方

1 卵黄生地を作る。ボウルに卵黄を入れて泡立て器で溶き
ほぐし、牛乳、米油、メープルフレーバーの順に加えて
混ぜる。

2 1のボウルを泡立て器で混ぜながら湯せんに20秒ほどか
ける。米粉を加えて、ダマがなくなるまで混ぜる。

3 基本の「メレンゲを作る」（→p.12・6〜18）を参照して、卵白
にメープルシュガーと（写真a）レモン汁または酢を加え
て泡立て、しっかりした均一なメレンゲを作る。メープ
ルシュガーは3回に分けて加え、レモン汁または酢は少
量ずつ数回に分けて加える。

4 基本の「卵黄生地とメレンゲを混ぜる」（→p.15・19〜23）
と同様の手順で卵黄生地にメレンゲを3回に分けて加え、
ゴムべらでメレンゲの泡を消さないように卵黄生地に均
一に混ぜ込む。生地につやがあり、ゆるんでいなければ
OK（写真b）。

5 基本の「型に生地を入れる」（→p.17・24〜27）と同様の手順
で4の生地を型に入れ、予熱したオーブンで焼く。

6 焼き上がったら逆さにして冷まし、基本の「型からはず
す」（→p.18・30〜37）と同様の手順でケーキを型からはずす。

デコレーション

八分立てにしたホイップクリームをアイスディッシャーやスプー
ンでカットシフォンにのせ、メープルシロップをかける。

memo

メープルシュガーは、パウダータイプのものが溶けやす
く、おすすめです。ミネラルが豊富な砂糖を使用して
作るメレンゲは、ハンドミキサーを力強く素早く動かし
すぎると空気を含みにくく、きめがつぶれやすいので、
かさが少ないゆるいメレンゲになりがち。メレンゲを作る
際は、ハンドミキサーの羽根を押しつけすぎず、ボ
ウルの底に触れている程度の力加減を心がけましょう。

コーヒー

このシフォンはインスタントコーヒーを使うのではなく、
カフェリーヌを使用することで、大人の香りの焙煎コーヒーの風味を表現。
季節を問わず、何度作っても食べ飽きないシフォンです。

材料（直径17cmのシフォン型1台分）

卵黄生地

卵黄 … 60g
牛乳 … 75g
米油 … 40g
コーヒーエッセンス … 2～3ふり
A ┌ 米粉 … 85g
  └ カフェリーヌ※ … 7g

メレンゲ

卵白 … 160g
グラニュー糖 … 75g
レモン汁または酢 … 5mℓ

焼き時間

ガスオーブン：	180℃	20～24分
電気オーブン：	180℃	25分

下準備

・卵白は卵黄生地を作っている間、ボウルごと冷凍庫、または冷蔵庫で冷やしておく。
・湯せん用のお湯を沸かしておく。
・オーブンは180℃に予熱する。

※カフェリーヌ
コーヒー豆をそのまま粉砕して微粉末にしたもの。コーヒー本来の味と芳醇な香りが特徴。

作り方

1 卵黄生地を作る。ボウルに卵黄を入れて泡立て器で溶きほぐし、牛乳、米油、コーヒーエッセンスの順に加えて混ぜる。

2 1のボウルを泡立て器で混ぜながら湯せんに20秒ほどかける。合わせた**A**の粉類をふるいながら加えて（写真**a**）、ダマがなくなるまで混ぜる。

3 基本の「メレンゲを作る」（→p.12・6～18）を参照して、卵白にグラニュー糖とレモン汁または酢を加えて泡立て、しっかりした均一なメレンゲを作る。グラニュー糖は3回に分けて加え、レモン汁または酢は少量ずつ数回に分けて加える（写真**b**）。

4 基本の「卵黄生地とメレンゲを混ぜる」（→p.15・19～23）と同様の手順で卵黄生地にメレンゲを3回に分けて加え、ゴムべらでメレンゲの泡を消さないように卵黄生地に均一に混ぜ込む。生地につやがあり、ゆるんでいなければOK（写真**c**）。

5 基本の「型に生地を入れる」（→p.17・24～27）と同様の手順で4の生地を型に入れ、予熱したオーブンで焼く。

6 焼き上がったら逆さにして冷まし、基本の「型からはずす」（→p.18・30～37）と同様の手順でケーキを型からはずす。

memo

型出し後、生地表面全体にコーヒーリキュール20mℓを刷毛でたたきながら塗ると、コーヒーの風味がより強調され、大人向けのシフォンになります。

黒みつ

深みのあるコクと風味を出すために、
黒砂糖と黒みつをダブルで使いました。
優しい甘みが
どこかなつかしい味わいのシフォンです。

きなこ

香ばしい風味ともちっとした食感の
きなこシフォンは、和テイストの王道。
シンプルイズベストのベース生地は
ほっこりと和み系。

材料（直径17cmのシフォン型1台分）

卵黄生地

```
卵黄 … 60g
牛乳 … 83g
米油 … 40g
A ┌ 米粉 … 85g
  └ きなこ … 10g
```

メレンゲ

```
卵白 … 165g
グラニュー糖 … 75g
レモン汁または酢 … 5mℓ
```

焼き時間

ガスオーブン：	180℃ 20〜24分
電気オーブン：	180℃ 25分

下準備

・卵白は卵黄生地を作っている間、ボウルごと冷凍庫、または冷蔵庫で冷やしておく。
・湯せん用のお湯を沸かしておく。
・オーブンは180℃に予熱する。

作り方

1 卵黄生地を作る。ボウルに卵黄を入れて泡立て器で溶きほぐし、牛乳、米油の順に加えて混ぜる。

2 1のボウルを泡立て器で混ぜながら湯せんに20秒ほどかける。合わせたAの粉類をふるいながら加えて、ダマがなくなるまで混ぜる。

3 基本の「メレンゲを作る」（→p.12・6〜18）を参照して、卵白にグラニュー糖とレモン汁または酢を加えて泡立て、しっかりした均一なメレンゲを作る。グラニュー糖は3回に分けて加え、レモン汁または酢は少量ずつ数回に分けて加える。

4 基本の「卵黄生地とメレンゲを混ぜる」（→p.15・19〜23）と同様の手順で卵黄生地にメレンゲを3回に分けて加え、ゴムべらでメレンゲの泡を消さないように卵黄生地に均一に混ぜ込む。生地につやがあり、ゆるんでいなければOK。

5 基本の「型に生地を入れる」（→p.17・24〜27）と同様の手順で4の生地を型に入れ、予熱したオーブンで焼く。

6 焼き上がったら逆さにして冷まし、基本の「型からはずす」（→p.18・30〜37）と同様の手順でケーキを型からはずす。

memo

きなこは、高温で長時間焙煎された深煎りのものが香ばしい風味が引き立ちます。カットシフォンに好みできなこをふっても。

材料（直径17cmのシフォン型1台分）

卵黄生地

```
卵黄 … 60g
牛乳 … 50g
黒みつ … 26g
米油 … 40g
バニラビーンズペースト … 小さじ1/8
米粉 … 85g
```

メレンゲ

```
卵白 … 160g
黒砂糖 … 75g
レモン汁または酢 … 5mℓ
```

焼き時間

ガスオーブン：	180℃ 20〜24分
電気オーブン：	180℃ 25分

下準備

・卵白は卵黄生地を作っている間、ボウルごと冷凍庫、または冷蔵庫で冷やしておく。
・牛乳と黒みつを混ぜておく。
・湯せん用のお湯を沸かしておく。
・オーブンは180℃に予熱する。

作り方

1 卵黄生地を作る。ボウルに卵黄を入れて泡立て器で溶きほぐし、合わせた牛乳と黒みつ、米油、バニラビーンズペーストの順に加えて混ぜる。

2 1のボウルを泡立て器で混ぜながら湯せんに20秒ほどかける。米粉を加えて、ダマがなくなるまで混ぜる。

3 基本の「メレンゲを作る」（→p.12・6〜18）を参照して、卵白に黒砂糖とレモン汁または酢を加えて泡立て、しっかりした均一なメレンゲを作る。黒砂糖は3回に分けて加え、レモン汁または酢は少量ずつ数回に分けて加える。

4 基本の「卵黄生地とメレンゲを混ぜる」（→p.15・19〜23）と同様の手順で卵黄生地にメレンゲを3回に分けて加え、ゴムべらでメレンゲの泡を消さないように卵黄生地に均一に混ぜ込む。生地につやがあり、ゆるんでいなければOK。

5 基本の「型に生地を入れる」（→p.17・24〜27）と同様の手順で4の生地を型に入れ、予熱したオーブンで焼く。

6 焼き上がったら逆さにして冷まし、基本の「型からはずす」（→p.18・30〜37）と同様の手順でケーキを型からはずす。

memo

好みできなこや黒砂糖をふったり、黒みつをかけても。

さくら

みんなが作りたい春系ピンクバージョンのさくらシフォン。
桜の花の塩漬けの香りと塩気で、まるで上質な和菓子を食べているかのよう。
桜の花の塩漬けをレンジで乾燥させて、粉末にするのがポイントです。

材料（直径17cmのシフォン型1台分）

卵黄生地

卵黄 … 60g
牛乳 … 75g
米油 … 40g

A
米粉 … 85g
桜葉パウダー※1 … 2g
桜パウダー※2 … 8g
紅麹パウダー※3 … 小さじ1/8

桜の花の塩漬け … 40〜45個

メレンゲ

卵白 … 160g
グラニュー糖 … 75g
レモン汁または酢 … 5mℓ

焼き時間

ガスオーブン：	180℃	20〜24分
電気オーブン：	180℃	25分

下準備

・卵白は卵黄生地を作っている間、ボウルごと冷凍庫、または冷蔵庫で冷やしておく。
・湯せん用のお湯を沸かしておく。
・桜の花の塩漬けは水で洗って塩気を落とし、ペーパータオルで水気を拭き取る。
・オーブンは180℃に予熱する。

作り方

1 卵黄生地を作る。下準備をすませた桜の花の塩漬けを電子レンジで3分〜3分30秒加熱し乾燥させる（写真a）。これをミルにかけて粉末にし、5gを計量する。

2 ボウルに卵黄を入れて泡立て器で溶きほぐし、牛乳、米油の順に加えて混ぜる。

3 2のボウルを泡立て器で混ぜながら湯せんに20秒ほどかける。合わせたAの粉類をふるいながら加えて、ダマがなくなるまで混ぜ、1を加えて（写真b）混ぜる。

4 基本の「メレンゲを作る」（→p.12・6〜18）を参照して、卵白にグラニュー糖とレモン汁または酢を加えて泡立て、しっかりした均一なメレンゲを作る。グラニュー糖は3回に分けて加え、レモン汁または酢は少量ずつ数回に分けて加える。

5 基本の「卵黄生地とメレンゲを混ぜる」（→p.15・19〜23）と同様の手順で卵黄生地にメレンゲを3回に分けて加え、ゴムべらでメレンゲの泡を消さないように卵黄生地に均一に混ぜ込む。生地につやがあり、ゆるんでいなければOK（写真c）。

6 基本の「型に生地を入れる」（→p.17・24〜27）と同様の手順で5の生地を型に入れ、予熱したオーブンで焼く。

7 焼き上がったら逆さにして冷まし、基本の「型からはずす」（→p.18・30〜37）と同様の手順でケーキを型からはずす。

デコレーション

カットシフォンに切り目を入れ、八分立てにしたホイップクリームを絞り入れて、桜の花の塩漬けをのせる。

※1 桜葉パウダー
桜の葉を塩漬けにして、お菓子に混ぜ込みやすい粉末状にしたもの。ふんわりと桜葉が香り、春のお菓子に向く。

※2 桜パウダー
桜花、桜葉のペーストから作られたパウダー。焼き菓子やパン生地に混ぜ込むと、かわいいピンク色に仕上がる。

※3 紅麹パウダー
米麹から作られた天然色素のパウダー。桜もちなどの和菓子に使うと日本的な色合いになる。

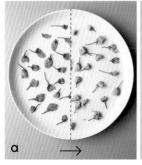
a →

b

c

memo
桜の花の塩漬けは、花がふくらんでくるまでしっかりと乾燥させます。大きさによって多少、電子レンジでの加熱時間が異なるので、乾燥したものから順に取り出し、残りを追加して加熱していくとよいでしょう。

かぼちゃ

小麦粉シフォンでも人気の高い
かぼちゃシフォンを米粉でアレンジ。
かぼちゃたっぷりできれいな黄色に仕上がり、
もちっととろける優しい味わいです。

（作り方は32ページ）

クリームチーズ

食べると口の中にクリームチーズの風味が広がり、
まるでチーズケーキを食べたかのような余韻が残ります。

（作り方は33ページ）

かぼちゃ

材料（直径17cmのシフォン型1台分）

卵黄生地

- 卵黄 … 60g
- かぼちゃ（加熱してつぶしたもの）… 150g
- 生クリーム … 40g
- 米油 … 40g
- バニラビーンズ … 3cm
- 米粉 … 85g

メレンゲ

- 卵白 … 155g
- グラニュー糖 … 74g
- レモン汁または酢 … 5mℓ

焼き時間

| ガスオーブン： | 180℃　20〜24分 |
| 電気オーブン： | 180℃　25分 |

下準備

- 卵白は卵黄生地を作っている間、ボウルごと冷凍庫、または冷蔵庫で冷やしておく。
- かぼちゃは種とワタを除いて3cm厚さに切って皿に並べ、ラップをかけて、電子レンジで6分加熱する。皮を除いてつぶし、150g準備する。
- バニラビーンズは縦に切り目を入れ、種をしごき出す。
- 湯せん用のお湯を沸かしておく。
- オーブンは180℃に予熱する。

作り方

1 卵黄生地を作る。生クリームを耐熱容器に入れ、電子レンジで30秒加熱する。つぶしたかぼちゃに温めた生クリームを加え、泡立て器で混ぜる。

2 ボウルに卵黄を入れて泡立て器で溶きほぐし、**1**のかぼちゃ（写真**a**）、米油、バニラビーンズの順に加えて混ぜる。

3 **2**のボウルを泡立て器で混ぜながら、湯せんに20秒ほどかける。米粉を加えて、ダマがなくなるまで混ぜる（写真**b**）。泡立て器が動かないようであれば、写真**b**の状態になるまで別途、温めた生クリーム（分量外）を少しずつ加えて調整する。

4 基本の「メレンゲを作る」（→p.12・6〜18）を参照して、卵白にグラニュー糖とレモン汁または酢を加えて泡立て、しっかりした均一なメレンゲを作る。グラニュー糖は3回に分けて加え、レモン汁または酢は少量ずつ数回に分けて加える。

5 基本の「卵黄生地とメレンゲを混ぜる」（→p.15・19〜23）と同様の手順で卵黄生地にメレンゲを3回に分けて加え、ゴムべらでメレンゲの泡を消さないように卵黄生地に均一に混ぜ込む。生地につやがあり、ゆるんでいなければOK（写真**c**）。

6 基本の「型に生地を入れる」（→p.17・24〜27）と同様の手順で**5**の生地を型に入れ、予熱したオーブンで焼く。

7 焼き上がったら逆さにして冷まし、基本の「型からはずす」（→p.18・30〜37）と同様の手順でケーキを型からはずす。

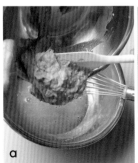
a

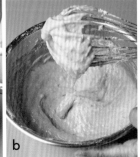
b

c

memo

入れ込むかぼちゃの重量が多いので、最終生地のかさは多くなりますが、焼成中に生地の重みで立ち上がりが抑えられ、ちょうどよいふくらみ方になります。

クリームチーズ

材料（直径17cmのシフォン型1台分）

卵黄生地

- 卵黄 … 60g
- クリームチーズ … 100g
- プレーンヨーグルト（無糖）… 55g
- 米油 … 40g
- 米粉 … 85g

メレンゲ

- 卵白 … 160g
- グラニュー糖 … 75g
- レモン汁または酢 … 5mℓ

焼き時間

| ガスオーブン： | 180℃ | 21～24分 |
| 電気オーブン： | 180℃ | 25分 |

下準備

- 卵白は卵黄生地を作っている間、ボウルごと冷凍庫、または冷蔵庫で冷やしておく。
- 湯せん用のお湯を沸かしておく。
- オーブンは180℃に予熱する。

作り方

1 卵黄生地を作る。冷蔵庫から出してつぶしたクリームチーズとヨーグルトを耐熱容器に入れ、電子レンジで1分30秒温めて均一に混ぜる。

2 ボウルに卵黄を入れて泡立て器で溶きほぐし、**1**（写真**a**）、米油の順に加えて混ぜる。

3 **2**のボウルを泡立て器で混ぜながら、湯せんに20秒ほどかける。米粉を加えて、ダマがなくなるまで混ぜる。

4 基本の「メレンゲを作る」（→p.12・6～18）を参照して、卵白にグラニュー糖とレモン汁または酢を加えて泡立て、しっかりした均一なメレンゲを作る。グラニュー糖は3回に分けて加え、レモン汁または酢は少量ずつ数回に分けて加える。

5 基本の「卵黄生地とメレンゲを混ぜる」（→p.15・19～23）と同様の手順で卵黄生地にメレンゲを3回に分けて加え、ゴムべらでメレンゲの泡を消さないように卵黄生地に均一に混ぜ込む。生地につやがあり、ゆるんでいなければOK（写真**b**）。

6 基本の「型に生地を入れる」（→p.17・24～27）と同様の手順で**5**の生地を型に入れ、予熱したオーブンで焼く。

7 焼き上がったら逆さにして冷まし、基本の「型からはずす」（→p.18・30～37）と同様の手順でケーキを型からはずす。

memo

クリームチーズとヨーグルトは冷蔵庫から出したてのものを。電子レンジで加熱するときは、はねてやけどしやすいので、途中で一度混ぜること。クリームチーズなどの乳製品を多く使用すると、卵黄生地とメレンゲを混ぜ合わせたときにメレンゲの泡が消えやすく、均一に混ざる前に生地がゆるみがち。手順通り、卵黄生地を湯せんにかけることと、メレンゲを作る際にレモン汁または酢を使用することを忘れずに。

栗

栗の渋皮煮を主役にしたシフォンは
栗の風味が口いっぱいに広がり、
後を引くおいしさ。
相性のいいラム酒をきかせ、
大人味に仕上げました。
栗の渋皮煮の代わりに
同量のマロンペーストでも作れます。

材料（直径17cmのシフォン型1台分）

卵黄生地

卵黄 … 60g
栗の渋皮煮 … 150g
牛乳 … 55g
ラム酒 … 20g
米油 … 40g
バニラビーンズ … 3cm
米粉 … 85g

メレンゲ

卵白 … 165g
グラニュー糖 … 75g
レモン汁または酢 … 5mℓ

焼き時間

ガスオーブン：	180℃	24〜25分
電気オーブン：	180℃	25分

下準備

・卵白は卵黄生地を作っている間、ボウルごと冷凍庫、または冷蔵庫で冷やしておく。
・栗の渋皮煮を水で洗って、ペーパータオルで水気を拭き取る。
・バニラビーンズは縦に切り目を入れ、種をしごき出す。
・湯せん用のお湯を沸かしておく。
・オーブンは180℃に予熱する。

作り方

1 卵黄生地を作る。栗の渋皮煮はめん棒でつぶしてポリ袋に入れ、手でもみほぐしながらペースト状にする。ボウルに入れ（写真**a**）、合わせた牛乳とラム酒を加え、泡立て器で均一になるまで混ぜる。

2 ボウルに卵黄を入れて泡立て器で溶きほぐし、**1**（写真**b**）、米油、バニラビーンズの順に加えて混ぜる。

3 **2**のボウルを泡立て器で混ぜながら、湯せんに20秒ほどかける。米粉を加えて、ダマがなくなるまで混ぜる。

4 基本の「メレンゲを作る」（→p.12・6〜18）を参照して、卵白にグラニュー糖とレモン汁または酢を加えて泡立て、しっかりした均一なメレンゲを作る。グラニュー糖は3回に分けて加え、レモン汁または酢は少量ずつ数回に分けて加える。

5 基本の「卵黄生地とメレンゲを混ぜる」（→p.15・19〜23）と同様の手順で卵黄生地にメレンゲを3回に分けて加え、ゴムべらでメレンゲの泡を消さないように卵黄生地に均一に混ぜ込む。生地につやがあり、ゆるんでいなければOK（写真**c**）。

6 基本の「型に生地を入れる」（→p.17・24〜27）と同様の手順で**5**の生地を型に入れ、予熱したオーブンで焼く。

7 焼き上がったら逆さにして冷まし、基本の「型からはずす」（→p.18・30〜37）と同様の手順でケーキを型からはずす。

デコレーション

コーヒー生クリームは生クリーム100mℓにカフェリーヌ2gを合わせ、八分立てにする。モンブランクリームはマロンペースト140gに室温にもどしたバター60gを合わせてやわらかくなるまで木べらで混ぜる。ラム酒小さじ1と牛乳を加えて混ぜる。牛乳は小さじ2〜小さじ6の範囲で絞れるかたさになるように加える。カットしたシフォンに切り目を入れてコーヒー生クリームを挟み、モンブランクリームを絞り出す。栗の渋皮煮をのせ、カフェリーヌを茶こしでふる。

memo

入れ込む栗の渋皮煮の重量が多いので、最終生地のかさは多くなりますが、焼成中に生地の重みで立ち上がりが抑えられ、ちょうどよいふくらみ方になります。

part2

フィリングを
加える
アレンジシフォン

ドライフルーツや和風素材などの
フィリングを加えて楽しむアレンジシフォンです。
記載のフィリングの量はあくまで目安。
好みに合わせて加減し、初心者の人は
少なめに量を調整してください。

オレンジ＋オレンジピール

さわやかなオレンジの香りの定番の味。
ジュースにリキュール、オイルとまさにオレンジずくめ。
さらにピールをちりばめると風味アップで見た目のアクセントにも。

材料（直径17cmのシフォン型1台分）

卵黄生地

- 卵黄 … 60g
- オレンジジュース（果汁100%）… 55g
- コアントローまたはオレンジキュラソー … 5g
- 米油 … 40g
- オレンジオイル … 2〜3ふり
- 米粉 … 85g

メレンゲ

- 卵白 … 160g
- グラニュー糖 … 70g
- レモン汁または酢 … 5mℓ

オレンジピール … 40g

焼き時間

ガスオーブン：	180℃	20〜24分
電気オーブン：	180℃	25分

下準備

- 卵白は卵黄生地を作っている間、ボウルごと冷凍庫、または冷蔵庫で冷やしておく。
- オレンジピールは細かく刻む。表面がべたついている場合は、お湯で洗ってペーパータオルで水気を拭き取っておく。
- 湯せん用のお湯を沸かしておく。
- オーブンは180℃に予熱する。

作り方

1 **卵黄生地を作る。** ボウルに卵黄を入れて泡立て器で溶きほぐし、オレンジジュース（写真**a**）、コアントローまたはオレンジキュラソー、米油、オレンジオイルの順に加えて混ぜる。

2 **1**のボウルを泡立て器で混ぜながら、湯せんに20秒ほどかける。米粉を加えて、ダマがなくなるまで混ぜる。

3 基本の「メレンゲを作る」（→p.12・6〜18）を参照して、卵白にグラニュー糖とレモン汁または酢を加えて泡立て、しっかりした均一なメレンゲを作る。グラニュー糖は3回に分けて加え、レモン汁または酢は少量ずつ数回に分けて加える。

4 基本の「卵黄生地とメレンゲを混ぜる」（→p.15・19〜23）と同様の手順で卵黄生地にメレンゲを3回に分けて加え、ゴムべらでメレンゲの泡を消さないように卵黄生地に均一に混ぜ込む。生地につやがあり、ゆるんでいなければOK（写真**b**）。

5 基本の「型に生地を入れる」（→p.17・24〜27）と同様の手順で**4**の生地を型に入れ、途中で米粉（分量外）をまぶして、余分な粉を払い落としたオレンジピールを散らすことを適宜くり返す（写真**c**）。予熱したオーブンで焼く。

6 焼き上がったら逆さにして冷まし、基本の「型からはずす」（→p.18・30〜37）と同様の手順でケーキを型からはずす。

memo

フィリングを味のアクセントとして加える場合は、カードで生地をすくって型に入れたら、その上に置くという入れ方をくり返し、均等にフィリングが散らばるようにします。

材料（直径17cmのシフォン型1台分）

卵黄生地

- 卵黄 … 60g
- 牛乳 … 65g
- ラム酒 … 5g
- 米油 … 40g
- バニラビーンズペースト … 小さじ1/8
- 米粉 … 85g

メレンゲ

- 卵白 … 160g
- ブラウンシュガー … 75g
- レモン汁または酢 … 5mℓ

ココナッツロング … 40g

ラムレーズン … 80g

焼き時間

ガスオーブン：	180℃	20〜24分
電気オーブン：	180℃	25分

下準備

- 卵白は卵黄生地を作っている間、ボウルご と冷凍庫、または冷蔵庫で冷やしておく。
- ココナッツロングは150℃のオーブンで8 分から焼きし、細かく刻む。
- ラムレーズンはペーパータオルで水気を 拭き取り、粒の大きいものは細かく刻む。
- 湯せん用のお湯を沸かしておく。
- オーブンは180℃に予熱する。

作り方

1 卵黄生地を作る。ボウルに卵黄を入れて泡立て器で溶き ほぐし、合わせた牛乳とラム酒、米油、バニラビーンズ ペーストの順に加えて混ぜる。

2 1のボウルを泡立て器で混ぜながら、湯せんに20秒ほど かける。米粉を加えて、ダマがなくなるまで混ぜる。

3 基本の「メレンゲを作る」（→p.12・6〜18）を参照して、卵白 にブラウンシュガーとレモン汁または酢を加えて泡立て （写真a）、しっかりした均一なメレンゲを作る。ブラウ ンシュガーは3回に分けて加え、レモン汁または酢は少 量ずつ数回に分けて加える。

4 基本の「卵黄生地とメレンゲを混ぜる」（→p.15・19〜23） と同様の手順で卵黄生地にメレンゲを3回に分けて加え、 ゴムべらでメレンゲの泡を消さないように卵黄生地に均 一に混ぜ込む。生地につやが出始めたらストップし、生 地の肌面を出し、米粉（分量外）をまぶして余分な粉を払 い落としたココナッツロングとラムレーズン各適量を散 らしてゴムべらで大きく混ぜる。再び生地の肌面を出し、 ココナッツロングとラムレーズンを散らして混ぜること を5〜6回くり返す（写真b）。生地につやがあり、ゆるん でいなければOK（写真c）。

5 基本の「型に生地を入れる」（→p.17・24〜27）と同様の手順 で4の生地を型に入れ、予熱したオーブンで焼く。

6 焼き上がったら逆さにして冷まし、基本の「型からはず す」（→p.18・30〜37）と同様の手順でケーキを型からはずす。

memo

入れ込むフィリングの重量が多いほど、焼成中の立ち上がり 方は低くなり、そのふくらみも抑えられてしまうので、好みに応 じて入れ込む量を調整しましょう。このレシピでは合計120g のフィリングを入れていますが、量が多いほど難易度は高くな るので、初心者の方は50〜60gから始めるとよいでしょう。

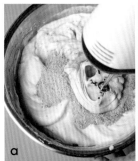

a b c

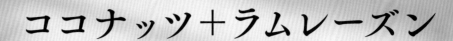

ココナッツ＋ラムレーズン

トロピカルなココナッツとラムレーズンが主役。
ラム酒がフワッと香る風味豊かなシフォンです。

パイナップル＋チーズ

「わ、パイナップル」と歓声が上がること間違いなし。
味のイメージは台湾のパイナップルケーキ。
パイン缶にドライフルーツのパインも加えたダブル仕立てです。

材料（直径17cmのシフォン型1台分）

卵黄生地
- 卵黄 … 60g
- パイナップル（缶詰・輪切り）… 160～165g
- クリームチーズ … 100g
- プレーンヨーグルト（無糖）… 55g
- 米油 … 40g
- 米粉 … 85g

メレンゲ
- 卵白 … 160g
- グラニュー糖 … 75g
- レモン汁または酢 … 5mℓ
- ドライパイン … 30g

焼き時間

ガスオーブン：	180℃	20～24分
電気オーブン：	180℃	25分

下準備
- 卵白は卵黄生地を作っている間、ボウルごと冷凍庫、または冷蔵庫で冷やしておく。
- ドライパインは細かく刻む。
- 湯せん用のお湯を沸かしておく。
- オーブンは180℃に予熱する。

作り方

1 卵黄生地を作る。パイナップルは軽く水で洗い、水気をきって2～3分割し、電子レンジで8～9分加熱する（写真a）。冷めてから繊維を断つように細かく刻んで、70gを計量してボウルに入れる。

2 冷蔵庫から出してつぶしたクリームチーズとヨーグルトを耐熱容器に入れ、電子レンジで1分30秒ほど加熱して均一に混ぜたものを1に加えて、泡立て器で混ぜる。

3 別のボウルに卵黄を入れて泡立て器で溶きほぐし、2、米油の順に加えて混ぜる。

4 3のボウルを泡立て器で混ぜながら、湯せんに20秒ほどかける。米粉を加えて、ダマがなくなるまで混ぜる。

5 基本の「メレンゲを作る」（→p.12・6～18）を参照して、卵白にグラニュー糖とレモン汁または酢を加えて泡立て、しっかりした均一なメレンゲを作る。グラニュー糖は3回に分けて加え、レモン汁または酢は少量ずつ数回に分けて加える。

6 基本の「卵黄生地とメレンゲを混ぜる」（→p.15・19～23）と同様の手順で卵黄生地にメレンゲを3回に分けて加え、ゴムべらでメレンゲの泡を消さないように卵黄生地に均一に混ぜ込む。生地につやがあり、ゆるんでいなければOK（写真b）。

7 基本の「型に生地を入れる」（→p.17・24～27）と同様の手順で6の生地を型に入れ、途中でドライパインを散らすことを適宜くり返す（写真c）。予熱したオーブンで焼く。

8 焼き上がったら逆さにして冷まし、基本の「型からはずす」（→p.18・30～37）と同様の手順でケーキを型からはずす。

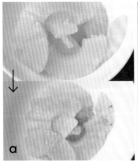
a

b

c

memo

クリームチーズとヨーグルトは冷蔵庫から出したてのものを。合わせて電子レンジで加熱するときは、はねてやけどしやすいので、途中で一度混ぜること。生のパイナップルをそのまま使うと、大穴や大空洞ができがち。缶詰のものを加熱して使います。

レモン＋グレープフルーツ

レモンの風味とグレープフルーツのほどよい酸味がマッチする柑橘系シフォン。
グレープフルーツの果肉が口の中で、さわやかジューシーにはじけます。
グレープフルーツの水気を出さないことがコツです。
（作り方は46ページ）

レモン＋ポピーシード

さわやかなレモンの香りにサワークリームのコクを加え、
見た目と食感のアクセントにポピーシードをちりばめました。
おうちカフェ気分を楽しむなら
サワークリームをベースにしたクリームを添えても。
（作り方は47ページ）

レモン＋グレープフルーツ

材料（直径17cmのシフォン型1台分）

卵黄生地

卵黄 … 60g
グレープフルーツ（ルビー）
　… 1個（正味60g）
グレープフルーツジュース（果汁100％）
　… 45g
レモン汁 … 20g
水 … 5mℓ
米油 … 40g
レモンオイル … 5〜6ふり
米粉 … 85g

メレンゲ

卵白 … 160g
グラニュー糖 … 75g
レモン汁または酢 … 5mℓ
レモンの皮のすりおろし … 1〜2個分

焼き時間

ガスオーブン：	180℃	10分
	170℃	12〜15分
電気オーブン：	180℃	20〜24分

下準備

・卵白は卵黄生地を作っている間、ボウルごと冷凍庫、または冷蔵庫で冷やしておく。
・グレープフルーツは皮をむいて、房から果肉を取り出す（写真a）。
・オーブンは180℃に予熱する。

作り方

1　グレープフルーツの果肉を泡立て器で軽く混ぜてほぐし、ざるに上げ果汁をきる。ペーパータオルの上にのせ、上からペーパータオルをかぶせ（写真b）、果肉がつぶれない程度に水分を取る。使うまで冷蔵庫に入れておく。

2　卵黄生地を作る。ボウルに卵黄を入れて泡立て器で溶きほぐし、グレープフルーツジュース、レモン汁、水、米油、レモンオイルの順に加えて混ぜる。

3　2のボウルに米粉を加えて、ダマがなくなるまで混ぜる。

4　基本の「メレンゲを作る」（→p.12・6〜18）を参照して、卵白にグラニュー糖とレモン汁または酢を加えて泡立て、しっかりした均一なメレンゲを作る。グラニュー糖は3回に分けて加え、レモン汁または酢は少量ずつ数回に分けて加える。

5　3のボウルに1とレモンの皮のすりおろしを加え（写真c）、泡立て器で混ぜる。

6　基本の「卵黄生地とメレンゲを混ぜる」（→p.15・19〜23）と同様の手順で卵黄生地にメレンゲを3回に分けて加え、ゴムべらでメレンゲの泡を消さないように卵黄生地に均一に混ぜ込む。生地につやがあり、ゆるんでいなければOK（写真d）。

7　基本の「型に生地を入れる」（→p.17・24〜27）と同様の手順で6の生地を型に入れ、予熱したオーブンで焼く。

8　焼き上がったら逆さにして冷まし、基本の「型からはずす」（→p.18・30〜37）と同様の手順でケーキを型からはずす。

memo

グレープフルーツは水気が出やすいので、果肉をつぶさないように手で薄皮をむきます。また、ほぐした果肉は水気が出ないように、使用する直前まで冷蔵庫で冷やしておきましょう。

レモン＋ポピーシード

材料（直径17cmのシフォン型1台分）

卵黄生地

- 卵黄 … 60g
- サワークリーム … 75g
- プレーンヨーグルト（無糖）… 15g
- 米油 … 40g
- レモンオイル … 6〜7ふり
- 米粉 … 85g

メレンゲ

- 卵白 … 165g
- グラニュー糖 … 75g
- レモン汁または酢 … 5mℓ

ポピーシード … 2〜3g

レモンの皮のすりおろし … 1〜2個分

焼き時間

| ガスオーブン： | 180℃ | 20〜22分 |
| 電気オーブン： | 180℃ | 22〜24分 |

下準備

- 卵白は卵黄生地を作っている間、ボウルごと冷凍庫、または冷蔵庫で冷やしておく。
- 湯せん用のお湯を沸かしておく。
- オーブンは180℃に予熱する。

作り方

1 卵黄生地を作る。サワークリームを耐熱容器に入れ、電子レンジで1分加熱して65gを計量し、ヨーグルトを加えて混ぜる。

2 ボウルに卵黄を入れて泡立て器で溶きほぐし、1（写真a）、米油、レモンオイルの順に加えて混ぜる。

3 2のボウルを泡立て器で混ぜながら、湯せんに20秒ほどかける。米粉を加えて、ダマがなくなるまで混ぜる。

4 基本の「メレンゲを作る」（→p.12・6〜18）を参照して、卵白にグラニュー糖とレモン汁または酢を加えて泡立て、しっかりした均一なメレンゲを作る。グラニュー糖は3回に分けて加え、レモン汁または酢は少量ずつ数回に分けて加える。

5 基本の「卵黄生地とメレンゲを混ぜる」（→p.15・19〜23）と同様の手順で卵黄生地にメレンゲを3回に分けて加え、ゴムべらでメレンゲの泡を消さないように卵黄生地に均一に混ぜ込む。生地につやが出始めたらストップし、生地の肌面を出し、ポピーシードとレモンの皮のすりおろし各適量を散らしてゴムべらで大きく混ぜる。再び生地の肌面を出し、ポピーシードとレモンの皮のすりおろしを散らして混ぜることを3〜4回くり返す（写真b）。生地につやがあり、ゆるんでいなければOK（写真c）。

6 基本の「型に生地を入れる」（→p.17・24〜27）と同様の手順で5の生地を型に入れ、予熱したオーブンで焼く。

7 焼き上がったら逆さにして冷まし、基本の「型からはずす」（→p.18・30〜37）と同様の手順でケーキを型からはずす

デコレーション

サワークリーム100gに生クリーム20g、グラニュー糖5gを合わせ、ゴムべらで混ぜてデコレーション用クリームを作る。カットシフォンに塗り、レモンの皮のすりおろしとミントの葉を飾る。

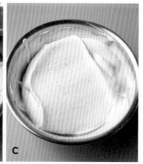

a b c

memo

ポピーシードは白い種子のものと黒い種子のものがあります。レシピでは見た目のアクセントにもなるので、黒い種子のもの（ブルーポピーシード）を使用しています。

バナナ＋ドライフルーツ

オーブンから甘い香りが漂う、バナナシフォン。
ドライフルーツは酸味のあるものを選ぶと、
よりバナナの味が引き立ちます。

材料 (直径17cmのシフォン型1台分)

卵黄生地

```
卵黄 … 60g
バナナ … 100g (正味)
プレーンヨーグルト (無糖) … 50g
バナナリキュール (あれば) … 小さじ1
米油 … 40g
バニラオイル … 2〜3ふり
米粉 … 85g
```

メレンゲ

```
卵白 … 160g
グラニュー糖 … 72g
レモン汁または酢 … 5㎖
```
ドライフルーツ (カシス、ブルーベリー、
　　クランベリーなど) … 60g

焼き時間

ガスオーブン：	180℃　20〜24分
電気オーブン：	180℃　25分

下準備

・卵白は卵黄生地を作っている間、ボウルごと冷凍庫、または冷蔵庫で冷やしておく。
・ドライフルーツはオイルコーティングされたものは、お湯で洗って水気を拭き取る。粒の大きいものは細かく刻む。
・湯せん用のお湯を沸かしておく。
・オーブンは180℃に予熱する。

作り方

1 卵黄生地を作る。バナナはつぶして、ヨーグルトとバナナリキュールを混ぜる。

2 ボウルに卵黄を入れて泡立て器で溶きほぐし、**1**(写真a)、米油、バニラオイルの順に加えて混ぜる。

3 **2**のボウルを泡立て器で混ぜながら、湯せんに20秒ほどかける。米粉を加えて、ダマがなくなるまで混ぜる。

4 基本の「メレンゲを作る」(→p.12・6〜18)を参照して、卵白にグラニュー糖とレモン汁または酢を加えて泡立て、しっかりした均一なメレンゲを作る。グラニュー糖は3回に分けて加え、レモン汁または酢は少量ずつ数回に分けて加える。

5 基本の「卵黄生地とメレンゲを混ぜる」(→p.15・19〜23)と同様の手順で卵黄生地にメレンゲを3回に分けて加え、ゴムべらでメレンゲの泡を消さないように卵黄生地に均一に混ぜ込む。生地につやが出始めたらストップし、生地の肌面を出し、米粉(分量外)をまぶして、余分な粉を払い落としたドライフルーツ適量を散らしてゴムべらで大きく混ぜる。再び生地の肌面を出し、ドライフルーツを散らして混ぜることを5〜6回くり返す(写真b)。生地につやがあり、ゆるんでいなければOK(写真c)。

6 基本の「型に生地を入れる」(→p.17・24〜27)と同様の手順で**5**の生地を型に入れ、予熱したオーブンで焼く。

7 焼き上がったら逆さにして冷まし、基本の「型からはずす」(→p.18・30〜37)と同様の手順でケーキを型からはずす。

a

b

c

memo

ドライフルーツは表面がべたつくようであれば、米粉(分量外)をまぶし、余分な粉を落としてから加えます。バナナは茶色の斑点が出始めた完熟のものを使うこと。

材料（直径17cmのシフォン型1台分）

卵黄生地
- 卵黄 … 60g
- 牛乳 … 105g
- カカオパウダー※ … 25g
- 米油 … 40g
- バニラオイル … 2〜3ふり
- 米粉 … 85g

メレンゲ
- 卵白 … 165g
- グラニュー糖 … 75g
- レモン汁または酢 … 5mℓ

ドライクランベリー … 50g

焼き時間

ガスオーブン：	180℃　20〜24分
電気オーブン：	180℃　25分

下準備
- 卵白は卵黄生地を作っている間、ボウルごと冷凍庫、または冷蔵庫で冷やしておく。
- ドライクランベリーは細かく刻む。
- 湯せん用のお湯を沸かしておく。
- オーブンは180℃に予熱する。

作り方

1 卵黄生地を作る。耐熱容器に牛乳とカカオパウダーを入れ、電子レンジで1分加熱する。ボウルに移し、均一になるまで泡立て器でしっかりと混ぜる。

2 別のボウルに卵黄を入れて泡立て器で溶きほぐし、**1**（写真a）、米油、バニラオイルの順に加えて混ぜる。

3 **2**のボウルを泡立て器で混ぜながら、湯せんに20秒ほどかける。米粉を加えて、ダマがなくなるまで混ぜる。

4 基本の「メレンゲを作る」（→p.12・6〜18）を参照して、卵白にグラニュー糖とレモン汁または酢を加えて泡立て、しっかりした均一なメレンゲを作る。グラニュー糖は3回に分けて加え、レモン汁または酢は少量ずつ数回に分けて加える。

5 基本の「卵黄生地とメレンゲを混ぜる」（→p.15・19〜23）と同様の手順で卵黄生地にメレンゲを3回に分けて加え、ゴムべらでメレンゲの泡を消さないように卵黄生地に均一に混ぜ込む。生地につやが出始めたらストップし、生地の肌面を出し、ドライクランベリー適量を散らしてゴムべらで大きく混ぜる。再び生地の肌面を出し、ドライクランベリーを散らして混ぜることを5〜6回くり返す（写真b）。生地につやがあり、ゆるんでいなければOK（写真c）。

6 基本の「型に生地を入れる」（→p.17・24〜27）と同様の手順で**5**の生地を型に入れ、予熱したオーブンで焼く。

7 焼き上がったら逆さにして冷まし、基本の「型からはずす」（→p.18・30〜37）と同様の手順でケーキを型からはずす。

※カカオパウダー
フランス・ヴァローナ社製の力強い純粋なカカオの風味と赤みがかった色が特徴の高品質なもの。

a

b

c

memo
ドライクランベリーはオイルコーティングされていない有機のものがおすすめ。シフォンのカット断面のクランベリーの周りが白く変色するので、オイルコーティングされているものは必ずお湯で洗って、水気を拭き取ってから使用しましょう。

カカオ＋クランベリー

ほどよいほろ苦さのカカオ風味とクランベリーの甘酸っぱさが
絶妙なバランスでベストマッチ。
上質なカカオパウダーを使ってください。

材料（直径17cmのシフォン型1台分）

卵黄生地

- 卵黄 … 60g
- 牛乳 … 85g
- 米油 … 38g
- アーモンドペースト※ … 20g
- アーモンドオイル … 2〜3ふり
- **A** | 米粉 … 85g
  | アーモンドパウダー（皮つき） … 15g

メレンゲ

- 卵白 … 165g
- グラニュー糖 … 70g
- レモン汁または酢 … 5mℓ
- アーモンド（皮つき）… 70g
- ピスタチオ … 10g

焼き時間

| ガスオーブン： | 180℃ | 20〜24分 |
| 電気オーブン： | 180℃ | 25分 |

下準備

・卵白は卵黄生地を作っている間、ボウルごと冷凍庫、または冷蔵庫で冷やしておく。
・アーモンドとピスタチオは150℃のオーブンで15分から焼きし、細かく刻む。
・湯せん用のお湯を沸かしておく。
・オーブンは180℃に予熱する。

作り方

1 卵黄生地を作る。ボウルに卵黄を入れて泡立て器で溶きほぐし、牛乳、合わせた米油とアーモンドペースト（写真a）、アーモンドオイルの順に加えて混ぜる。

2 1のボウルを泡立て器で混ぜながら、湯せんに20秒ほどかける。Aの粉類をふるいながら加えて、ダマがなくなるまで混ぜる。

3 基本の「メレンゲを作る」（→p.12・6〜18）を参照して、卵白にグラニュー糖とレモン汁または酢を加えて泡立て、しっかりした均一なメレンゲを作る。グラニュー糖は3回に分けて加え、レモン汁または酢は少量ずつ数回に分けて加える。

4 基本の「卵黄生地とメレンゲを混ぜる」（→p.15・19〜23）と同様の手順で卵黄生地にメレンゲを3回に分けて加え、ゴムべらでメレンゲの泡を消さないように卵黄生地に均一に混ぜ込む。生地につやが出始めたらストップし、生地の肌面を出し、アーモンドとピスタチオ各適量を散らしてゴムべらで大きく混ぜる。再び生地の肌面を出し、アーモンドとピスタチオを散らして混ぜることを5〜6回くり返す（写真b）。生地につやがあり、ゆるんでいなければOK（写真c）。

5 基本の「型に生地を入れる」（→p.17・24〜27）と同様の手順で4の生地を型に入れ、予熱したオーブンで焼く。

6 焼き上がったら逆さにして冷まし、基本の「型からはずす」（→p.18・30〜37）と同様の手順でケーキを型からはずす。

デコレーション

クーベルチュールチョコレート60gは電子レンジで2分30秒〜3分加熱して溶かし、カットシフォンにたらりとかける。チョコレートがかたまる前に、上にアーモンドとピスタチオを飾る。

※アーモンドペースト
ローストアーモンドをなめらかなペースト状にしたもの。そのままパンに塗っても。

memo
アーモンドペーストの入手が困難な場合、アーモンドプラリネペーストで代用可能ですが、甘みが強くなるので、グラニュー糖を5g減らしてメレンゲを作りましょう。

アーモンド＋ピスタチオ

香ばしいナッツがくせになる大人味。
ナッツはほかにくるみやカシューナッツなど
好みのものでアレンジしてもOK。
相性のいいチョコをかけると一層おいしくなります。

ほうじ茶＋チョコチップ

ほうじ茶の風味満点。ほっこりとなごむ癒やし系シフォン。
フィリングとして加えたチョコの甘みがほうじ茶のほどよい苦みを引き立てます。
温かいほうじ茶とともに食べたいシフォンです。

材料 (直径17cmのシフォン型1台分)

卵黄生地

卵黄 … 60g
牛乳 … 84g
米油 … 40g
A 米粉 … 85g
  ほうじ茶パウダー … 7g

メレンゲ

卵白 … 165g
グラニュー糖 … 75g
レモン汁または酢 … 5㎖
チョコレートチップ … 30～50g

焼き時間

ガスオーブン：	180℃　21～24分
電気オーブン：	180℃　25分

下準備

・卵白は卵黄生地を作っている間、ボウルごと冷凍庫、または冷蔵庫で冷やしておく。
・湯せん用のお湯を沸かしておく。
・オーブンは180℃に予熱する。

作り方

1 卵黄生地を作る。ボウルに卵黄を入れて泡立て器で溶きほぐし、牛乳、米油の順に加えて混ぜる。

2 1のボウルを泡立て器で混ぜながら、湯せんに20秒ほどかける。合わせた**A**の粉類をふるいながら加えて(写真a)、ダマがなくなるまで混ぜる。

3 基本の「メレンゲを作る」(→p.12・6～18)を参照して、卵白にグラニュー糖とレモン汁または酢を加えて泡立て、しっかりした均一なメレンゲを作る(写真b)。グラニュー糖は3回に分けて加え、レモン汁または酢は少量ずつ数回に分けて加える。

4 基本の「卵黄生地とメレンゲを混ぜる」(→p.15・19～23)と同様の手順で卵黄生地にメレンゲを3回に分けて加え、ゴムべらでメレンゲの泡を消さないように卵黄生地に均一に混ぜ込む。生地につやが出始めたらストップし、生地の肌面を出し、チョコレートチップ適量を散らしてゴムべらで大きく混ぜる。再び生地の肌面を出し、チョコレートチップを散らして混ぜることを5～6回くり返す(写真c)。生地につやがあり、ゆるんでいなければOK(写真d)。

5 基本の「型に生地を入れる」(→p.17・24～27)と同様の手順で4の生地を型に入れ、予熱したオーブンで焼く。

6 焼き上がったら逆さにして冷まし、基本の「型からはずす」(→p.18・30～37)と同様の手順でケーキを型からはずす。

memo

チョコレートチップはオーブンで焼いても溶けにくいタイプを使いましょう。

デコレーション

適量のほうじ茶パウダーとカカオパウダー同量を混ぜ、茶こしでふる。

a b c d

材料（直径17cmのシフォン型1台分）

卵黄生地

```
卵黄 … 60g
牛乳 … 84g
米油 … 40g
   ┌ 米粉 … 85g
 A │ 緑茶パウダー … 6g
   └ 抹茶 … 2g
```

メレンゲ

```
┌ 卵白 … 165g
│ グラニュー糖 … 75g
└ レモン汁または酢 … 5mℓ
```

桜の花の塩漬け … 20〜23個
緑茶の茶葉 … 3〜5g

焼き時間

ガスオーブン：	180℃　22〜24分
電気オーブン：	180℃　25分

下準備

・卵白は卵黄生地を作っている間、ボウルごと冷凍庫、または冷蔵庫で冷やしておく。
・桜の花の塩漬けは水で洗って塩気を落とし、ペーパータオルで水気を拭き取る。そのうちの8〜10個を型の底に貼りつけ、ペーパータオルの上から指でぎゅっと押しつけ、水気を取る（写真a）。
・残りの桜の花の塩漬けは、電子レンジで2分30秒加熱して乾燥させ、手で割る。
・緑茶の茶葉はミルにかけて粉末にしておく。
・湯せん用のお湯を沸かしておく。
・オーブンは180℃に予熱する。

作り方

1 卵黄生地を作る。ボウルに卵黄を入れて泡立て器で溶きほぐし、牛乳、米油の順に加えて混ぜる。

2 1のボウルを泡立て器で混ぜながら、湯せんに20秒ほどかける。合わせた**A**の粉類をふるいながら加えて、ダマがなくなるまで混ぜる。

3 基本の「メレンゲを作る」（→p.12・6〜18）を参照して、卵白にグラニュー糖とレモン汁または酢を加えて泡立て、しっかりした均一なメレンゲを作る。グラニュー糖は3回に分けて加え、レモン汁または酢は少量ずつ数回に分けて加える。

4 基本の「卵黄生地とメレンゲを混ぜる」（→p.15・19〜23）と同様の手順で卵黄生地にメレンゲを3回に分けて加え、ゴムべらでメレンゲの泡を消さないように卵黄生地に均一に混ぜ込む。生地につやが出始めたらストップし、生地の肌面を出し、粉末にした緑茶適量を散らしてゴムべらで大きく混ぜる。再び生地の肌面を出し、緑茶を散らして混ぜることを5〜6回くり返す（写真b）。生地につやがあり、ゆるんでいなければOK（写真c）。

5 基本の「型に生地を入れる」（→p.17・24〜27）と同様の手順で4の生地を型に入れ、途中で乾燥させた桜の花の塩漬け適量を散らすことを適宜くり返す（写真d）。予熱したオーブンで焼く。

6 焼き上がったら逆さにして冷まし、基本の「型からはずす」（→p.18・30〜37）と同様の手順でケーキを型からはずす。

デコレーション

カットシフォンに切り目を入れ、粒あんまたはこしあん適量を挟み、上に桜の花の塩漬けを飾る。

memo

フィリングとしての桜の花の塩漬けを加えず、緑茶の生地だけでもおいしい。

a　b　c　d

緑茶＋桜花

緑茶の上品なほどよい渋みを堪能できる和風テイストのシフォンです。
フィリングとして加えた桜の花の塩気が味のアクセント。
あんを挟み、桜の花の塩漬けを添えて、もてなしのティータイムを。

粒あん＋バター

粒あんとバター、
この組み合わせは最強のマリアージュ。
上品なあんの甘さと豊かなバターの香りを
ふんわりととろける食感に閉じ込めました。

（作り方は60ページ）

塩麹+甘納豆

塩麹の風味はあえて残さず、隠し味程度に。
フィリングに甘納豆を加えたら、絶妙な味のバランスになりました。
人気の甘じょっぱい味を満喫できます。

（作り方は61ページ）

粒あん＋バター

材料（直径17cmのシフォン型1台分）

卵黄生地

- 卵黄 … 60g
- 牛乳 … 70g
- 粒あん … 100g
- バター … 55g
- バニラビーンズ … 3cm
- 米粉 … 85g

メレンゲ

- 卵白 … 160g
- グラニュー糖 … 75g
- レモン汁または酢 … 5mℓ

焼き時間

ガスオーブン：	180℃	19〜22分
電気オーブン：	180℃	22〜25分

下準備

- 卵白は卵黄生地を作っている間、ボウルごと冷凍庫、または冷蔵庫で冷やしておく。
- 牛乳と粒あんは合わせて混ぜる。
- バニラビーンズは縦に切り目を入れ、種をしごき出す。
- 湯せん用のお湯を沸かしておく。
- オーブンは180℃に予熱する。

作り方

1　卵黄生地を作る。鍋にバターを入れて中火〜強火にかける。絶えず木べらで混ぜながらバターが溶けて沸騰してくると、まず表面に白い泡が広がるので、すぐに鍋をゆすって、その白い泡を消す。次に表面に透明な泡が広がってくるので、その泡が小さくなり、その泡の周りに白っぽい、さらに細かな泡が付着するのが見え隠れしてきたら（写真a）火を止める。バターが透明度の高いはちみつ色になっていればOK。40gを計量する。

2　ボウルに卵黄を入れて泡立て器で溶きほぐし、合わせた牛乳と粒あん（写真b）、1、バニラビーンズの順に加えて混ぜる。

3　2のボウルを泡立て器で混ぜながら湯せんに20秒ほどかける。米粉を加えて、ダマがなくなるまで混ぜる。

4　基本の「メレンゲを作る」（→p.12・6〜18）を参照して、卵白にグラニュー糖とレモン汁または酢を加えて泡立て、しっかりした均一なメレンゲを作る。グラニュー糖は3回に分けて加え、レモン汁または酢は少量ずつ数回に分けて加える。

5　基本の「卵黄生地とメレンゲを混ぜる」（→p.15・19〜23）と同様の手順で卵黄生地にメレンゲを3回に分けて加え、ゴムべらでメレンゲの泡を消さないように卵黄生地に均一に混ぜ込む。生地につやがあり、ゆるんでいなければOK（写真c）。

6　基本の「型に生地を入れる」（→p.17・24〜27）と同様の手順で5の生地を型に入れ、予熱したオーブンで焼く。

7　焼き上がったら逆さにして冷まし、基本の「型からはずす」（→p.18・30〜37）と同様の手順でケーキを型からはずす。

a

b

c

memo

バターの煮詰め加減がポイントです。すぐに茶色に色づいてしまうので、はちみつ色になったらすぐに鍋を火から下ろしましょう。

塩麹＋甘納豆

材料（直径17cmのシフォン型1台分）

卵黄生地

卵黄 … 80g
牛乳 … 35g
塩麹（米麹の粒があるペーストタイプ）
　　… 30g
バター … 55g
米粉 … 85g

メレンゲ

卵白 … 160g
グラニュー糖 … 40g
レモン汁または酢 … 5ml
黒豆甘納豆 … 50g

焼き時間

ガスオーブン：	180℃　20分
電気オーブン：	180℃　22分

下準備

・卵白は卵黄生地を作っている間、ボウ
　ルごと冷凍庫、または冷蔵庫で冷やし
　ておく。
・牛乳と塩麹は合わせて混ぜる。
・甘納豆は砂糖が付着しているものは水
　で洗って、ペーパータオルで水気を拭
　き取る。粒の大きいものは細かく刻む。
・湯せん用のお湯を沸かしておく。
・オーブンは180℃に予熱する。

作り方

1 卵黄生地を作る。鍋にバターを入れて中火～強火にかける。絶えず木べらで混ぜながらバターが溶けて沸騰してくると、まず表面に白い泡が広がるので、すぐに鍋をゆすって、その白い泡を消す。次に表面に透明な泡が広がってくるので、その泡が小さくなり、その泡の周りに白っぽい、さらに細かな泡が付着するのが見え隠れしてきたら火を止める。バターが透明度の高いはちみつ色になっていればOK。40gを計量する。

2 ボウルに卵黄を入れて泡立て器で溶きほぐし、合わせた牛乳と塩麹（写真a）、**1**の順に加えて混ぜる。

3 **2**のボウルを泡立て器で混ぜながら湯せんに20秒ほどかける。米粉を加えて、ダマがなくなるまで混ぜる。

4 基本の「メレンゲを作る」（→p.12・6～18）を参照して、卵白にグラニュー糖とレモン汁または酢を加えて泡立て、しっかりした均一なメレンゲを作る。グラニュー糖は3回に分けて加え、レモン汁または酢は少量ずつ数回に分けて加える。

5 基本の「卵黄生地とメレンゲを混ぜる」（→p.15・19～23）と同様の手順で卵黄生地にメレンゲを3回に分けて加え、ゴムべらでメレンゲの泡を消さないように卵黄生地に均一に混ぜ込む。生地につやが出始めたらストップし、生地の肌面を出し、米粉（分量外）をまぶして、余分な粉を払い落とした甘納豆適量を散らしてゴムべらで大きく混ぜる。再び生地の肌面を出し、甘納豆を散らして混ぜることを5～6回くり返す（写真b）。生地につやがあり、ゆるんでいなければOK（写真c）。

6 基本の「型に生地を入れる」（→p.17・24～27）と同様の手順で**5**の生地を型に入れ、予熱したオーブンで焼く。

7 焼き上がったら逆さにして冷まし、基本の「型からはずす」（→p.18・30～37）と同様の手順でケーキを型からはずす。

memo

卵白に対して加えるグラニュー糖の量が少ないので、メレンゲ自体の強度が弱くなります。卵黄生地とメレンゲを混ぜ込むときに力を込めて勢いよくゴムべらを動かすと、てきめんに生地がゆるんできます。極力、力を抜いて、ゆっくりと混ぜ込んでいきましょう。

にんじん+クミン

エスニック料理に多いにんじんとクミンの組み合わせ。
にんじんの自然な優しい甘みとカレーを思わせるクミンの香り。シナモンを隠し味に。
型入れ後、上にふるクミンの量は好みで増減してください。

材料（直径17cmのシフォン型1台分）

卵黄生地

卵黄 … 60g
にんじん（ゆでてつぶしたもの）… 60g
にんじんジュース … 40g
米油 … 55g
クミンシード … 小さじ1/4
A 米粉 … 85g
シナモンパウダー … 小さじ1/4

メレンゲ

卵白 … 160g
グラニュー糖 … 70g
レモン汁または酢 … 5㎖
クミンシード … 適量

焼き時間

ガスオーブン：	180℃	10分
	170℃	12～15分
電気オーブン：	180℃	20～24分

下準備

・卵白は卵黄生地を作っている間、ボウルごと冷凍庫、または冷蔵庫で冷やしておく。
・湯せん用のお湯を沸かしておく。
・オーブンは180℃に予熱する。

作り方

1 卵黄生地を作る。にんじんはにんじんジュースと混ぜる。

2 鍋に米油を入れて弱火にかける。軽く温まったらクミンシードを加え、クミンの周りがふつふつと泡立ってくるまで火にかけて油にクミンの香りを移す（写真a）。ざるに上げてクミンシードと油に分け、冷まして油を40g計量する。

3 ボウルに卵黄を入れて泡立て器で溶きほぐし、1（写真b）、2、2のクミンシードの順に加えて混ぜる。

4 3のボウルを泡立て器で混ぜながら湯せんに20秒ほどかける。合わせたAの粉類をふるいながら加えてダマがなくなるまで混ぜる。

5 基本の「メレンゲを作る」（→p.12・6～18）を参照して、卵白にグラニュー糖とレモン汁または酢を加えて泡立て、しっかりした均一なメレンゲを作る。グラニュー糖は3回に分けて加え、レモン汁または酢は少量ずつ数回に分けて加える。

6 基本の「卵黄生地とメレンゲを混ぜる」（→p.15・19～23）と同様の手順で卵黄生地にメレンゲを3回に分けて加え、ゴムべらでメレンゲの泡を消さないように卵黄生地に均一に混ぜ込む。生地につやがあり、ゆるんでいなければOK（写真c）。

7 基本の「型に生地を入れる」（→p.17・24～27）と同様の手順で6の生地を型に入れる。上にクミンシードを散らし、予熱したオーブンで焼く。

8 焼き上がったら逆さにして冷まし、基本の「型からはずす」（→p.18・30～37）と同様の手順でケーキを型からはずす。

memo

クミンは低温の油でゆっくりと温めることで、油に香りが溶け出します。その油を使用することで、シフォン全体にクミンの香りがいきわたります。クミンの周りが泡立ってきたらすぐに火を止め、焦がさないようにしてください。

part3

2つの生地の
模様を楽しむ
上級シフォン

カット断面のマーブル模様や
ゼブラ模様が美しいシフォンです。
2つの生地の作り方は、それぞれ別に作る方法と
1つの生地を作り、取り分けて
もう1つの生地を作る方法の
2通りをご紹介します。

チョコマーブル

一度は作りたいチョコ生地とバニラ生地の
チョコマーブルシフォン。
チョコレートの苦みがバニラ生地とバランスよく融合。
カットした断面ごとに
マーブルの表情が変わるのも魅力です。
（作り方は68ページ）

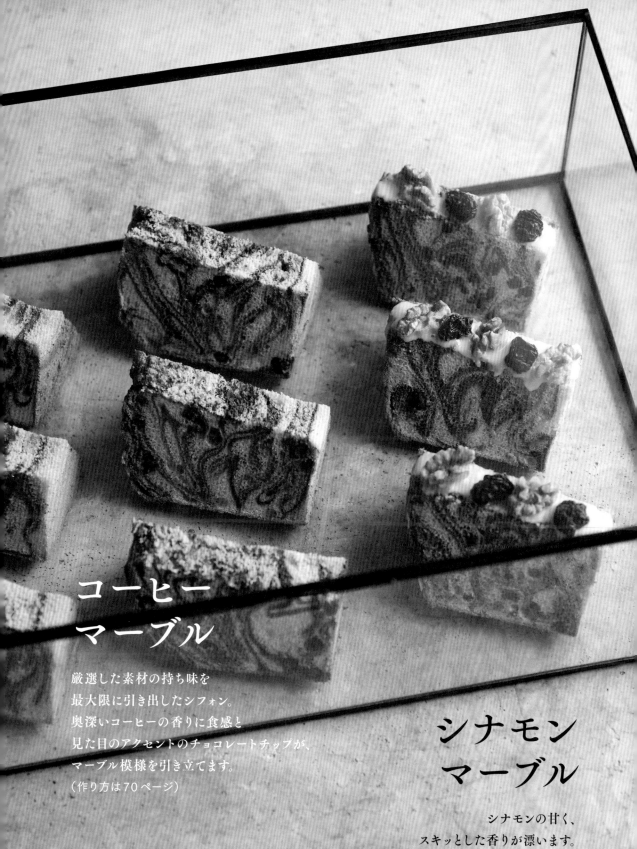

コーヒー
マーブル

厳選した素材の持ち味を
最大限に引き出したシフォン。
奥深いコーヒーの香りに食感と
見た目のアクセントのチョコレートチップが、
マーブル模様を引き立てます。
（作り方は70ページ）

シナモン
マーブル

シナモンの甘く、
スキッとした香りが漂います。
レーズンとくるみたっぷりで、食べ応えも十分。
アイシングをかけてより華やかに。
（作り方は71ページ）

チョコマーブル

材料 (直径17cmのシフォン型1台分)

チョコ卵黄生地

- 卵黄 … 20g
- クーベルチュールチョコレート … 15g
- 米油 … 12g
- 牛乳 … 28g
- A ┌ 米粉 … 25g
  └ カカオパウダー※ … 8g

バニラ卵黄生地

- 卵黄 … 40g
- 牛乳 … 45g
- 米油 … 27g
- バニラビーンズ … 2cm
- 米粉 … 57g

メレンゲ

- 卵白 … 165g
- グラニュー糖 … 75g
- レモン汁または酢 … 5mℓ

※p.50参照

焼き時間

ガスオーブン：	180℃	20〜24分
電気オーブン：	180℃	25分

下準備

- 卵白は卵黄生地を作っている間、ボウルごと冷凍庫、または冷蔵庫で冷やしておく。
- バニラビーンズは縦に切り目を入れ、種をしごき出す。
- 湯せん用のお湯を沸かしておく。
- オーブンは180℃に予熱する。

作り方

1 チョコ卵黄生地を作る。チョコレートを耐熱容器に入れ、電子レンジで1分30秒加熱し、米油を加えて混ぜる。

2 ボウルに卵黄を入れて泡立て器で溶きほぐし、1(写真a)、牛乳の順に加えて混ぜる。

3 バニラ卵黄生地を作る。ボウルに卵黄を入れて泡立て器で溶きほぐし、牛乳、米油、バニラビーンズの順に加えて混ぜる。

4 2と3のボウルを泡立て器で混ぜながら、それぞれ湯せんに20秒ほどかける(写真b)。2のボウルに合わせたAの粉類をふるいながら加えて(写真c)、ダマがなくなるまで混ぜる。次に3のボウルに米粉を加えて、ダマがなくなるまで混ぜる(写真d)。

5 基本の「メレンゲを作る」(→p.12・6〜18)を参照して卵白にグラニュー糖とレモン汁または酢を加えて泡立て、しっかりした均一なメレンゲを作る。グラニュー糖は3回に分けて加え、レモン汁または酢は少量ずつ数回に分けて加える(写真e)。

6 4のチョコ卵黄生地のボウルにメレンゲの1/3量を3回に分けて加える。メレンゲが入りにくいので、1回目のメレンゲは泡立て器で混ぜる(写真f)。2回目、3回目のメレンゲは、基本の「卵黄生地とメレンゲを混ぜる」(→p.15・19〜23)と同様の手順でゴムべらでメレンゲの泡を消さないように均一に混ぜ込む(写真g、h)。

7 4のバニラ卵黄生地のボウルにメレンゲの2/3量を3回に分けて加える。基本の「卵黄生地とメレンゲを混ぜる」(→p.15・19〜23)と同様の手順でゴムべらでメレンゲの泡を消さないように均一に混ぜ込む(写真h)。

8 別のボウルを準備し、6と7の生地をバニラ生地からカードで層にしながら交互に入れる(写真i、j)。

9 型に生地を入れる。8の生地をカードにのる分だけすくって(写真k)、そっと型に入れる(写真l)。型を軽くゆすり、型の側面に生地をつける。次に、同じくカードにのる分だけ生地をすくい(写真m)、すでに入れた生地に少し重ねるようにしながら、生地を置く(写真n、o)。軽くゆすって次の生地を重ねるようにしながら入れて軽くゆすることをくり返し、マーブル模様を作る。

10 型入れ後、生地の表面を筒側から型の側面に向かって、ゴムべらでならす(写真p)。予熱したオーブンで焼く。

11 焼き上がったら逆さにして冷まし、基本の「型からはずす」(→p.18・30〜37)と同様の手順でケーキを型からはずす。

コーヒーマーブル

材料（直径17cmのシフォン型1台分）

バニラ卵黄生地

- 卵黄 … 60g
- 牛乳 … 70g
- 米油 … 40g
- バニラビーンズペースト … 小さじ1/8
- 米粉 … 85g

メレンゲ

- 卵白 … 160g
- グラニュー糖 … 75g
- レモン汁または酢 … 5mℓ

カフェリーヌ※ … 10g

牛乳 … 15g

チョコレートチップ … 30〜50g

※ p.25参照

焼き時間

ガスオーブン：	180℃　20〜24分
電気オーブン：	180℃　25分

下準備

・卵白は卵黄生地を作っている間、ボウルごと冷凍庫、または冷蔵庫で冷やしておく。

・湯せん用のお湯を沸かしておく。

・オーブンは180℃に予熱する。

memo

基本のバニラシフォン1台分の生地を作り、そこから一部の生地を取り分けてコーヒー生地を作ります。

作り方

1 バニラ卵黄生地を作る。ボウルに卵黄を入れて泡立て器で溶きほぐし、牛乳、米油、バニラビーンズペーストの順に加えて混ぜる。

2 1のボウルを泡立て器で混ぜながら、湯せんに20秒ほどかける。米粉を加えて、ダマがなくなるまで混ぜる。

3 基本の「メレンゲを作る」（→p.12・6〜18）を参照して卵白にグラニュー糖とレモン汁または酢を加えて泡立て、しっかりした均一なメレンゲを作る。グラニュー糖は3回に分けて加え、レモン汁または酢は少量ずつ数回に分けて加える。

4 基本の「卵黄生地とメレンゲを混ぜる」（→p.15・19〜23）と同様の手順で卵黄生地にメレンゲを3回に分けて加え、ゴムべらでメレンゲの泡を消さないように卵黄生地に均一に混ぜ込む（写真a）。生地につやが出始めたらストップする。

5 コーヒー生地を作る。ボウルにカフェリーヌと牛乳を入れて、泡立て器で均一に混ぜ、コーヒーペーストを作る。

6 5のボウルに4のバニラ生地から100gを取り分けて加え（写真b）、均一になるまで混ぜる。

7 残りの4の生地の肌面を出し、チョコレートチップ適量を散らしてゴムべらで大きく混ぜる。再び生地の肌面を出し、チョコレートチップを散らして混ぜることを5〜6回くり返す（写真c）。生地につやがあり、ゆるんでいなければOK（写真d）。

8 別のボウルを準備し、6と7の生地をバニラ生地からカードで層にしながら交互に入れる（→p.69・i、j）。

9 「型に生地を入れる」（→p.69・k〜p）と同様の手順で生地を型に入れてマーブル模様を作り、型入れ後、生地の表面を筒側から型の側面に向かって、ゴムべらでならす。予熱したオーブンで焼く。

10 焼き上がったら逆さにして冷まし、基本の「型からはずす」（p.18・30〜37）と同様の手順でケーキを型からはずす。

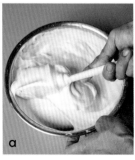   

a　　　　　b　　　　　c　　　　　d

シナモンマーブル

材料（直径17cmのシフォン型1台分）

バニラ卵黄生地

- 卵黄 … 60g
- 牛乳 … 70g
- 米油 … 40g
- バニラビーンズペースト … 小さじ1/8
- 米粉 … 85g

メレンゲ

- 卵白 … 160g
- グラニュー糖 … 75g
- レモン汁または酢 … 5mℓ

シナモンパウダー … 10g
レーズン（有機）… 60g
くるみ … 30g

焼き時間

| ガスオーブン： | 180℃ | 20～24分 |
| 電気オーブン： | 180℃ | 25分 |

下準備

- 卵白は卵黄生地を作っている間、ボウルごと冷凍庫、または冷蔵庫で冷やしておく。
- 湯せん用のお湯を沸かしておく。
- くるみは150℃のオーブンで15分から焼きし、細かく刻む。
- オーブンは180℃に予熱する。

memo

基本のバニラシフォン1台分の生地を作り、そこから一部の生地を取り分けてシナモン生地を作ります。

作り方

1 バニラ卵黄生地を作る。ボウルに卵黄を入れて泡立て器で溶きほぐし、牛乳、米油、バニラビーンズペーストの順に加えて混ぜる。

2 1のボウルを泡立て器で混ぜながら、湯せんに20秒ほどかける。米粉を加えて、ダマがなくなるまで混ぜる。

3 基本の「メレンゲを作る」（→p.12・6～18）を参照して卵白にグラニュー糖とレモン汁または酢を加えて泡立て、しっかりした均一なメレンゲを作る。グラニュー糖は3回に分けて加え、レモン汁または酢は少量ずつ数回に分けて加える。

4 基本の「卵黄生地とメレンゲを混ぜる」（→p.15・19～23）と同様の手順で卵黄生地にメレンゲを3回に分けて加え、ゴムべらでメレンゲの泡を消さないように卵黄生地に均一に混ぜ込む。生地につやが出始めたらストップする。

5 シナモン生地を作る。4のバニラ生地から150g取り分け（写真a）、シナモンパウダーをふるい入れる（写真b）。ゴムべらで均一になるまで混ぜる。

6 残りの4のバニラ生地の肌面を出し、米粉（分量外）をまぶして余分な粉を払い落としたレーズンとくるみ各適量を散らしてゴムべらで大きく混ぜる。再び生地の肌面を出し、レーズンとくるみを散らして混ぜることを5～6回くり返す（写真c）。生地につやがあり、ゆるんでいなければOK（写真d）。

7 別のボウルを準備し、5と6の生地をバニラ生地からカードで層にしながら交互に入れる（→p.69・i、j）。

8 「型に生地を入れる」（→p.69・k～p）と同様の手順で生地を型に入れてマーブル模様を作り、型入れ後、生地の表面を筒側から型の側面に向かって、ゴムべらでならす。予熱したオーブンで焼く。

9 焼き上がったら逆さにして冷まし、基本の「型からはずす」（p.18・30～37）と同様の手順でケーキを型からはずす。

デコレーション

粉砂糖に水を少量ずつ加え、とろりとなるまで混ぜてアイシングを作る。カットシフォンにアイシングをかけ、レーズンとくるみを飾る。

a　b　c　d

キャラメルゼブラ

キャラメルのほろ苦さがインパクトのある味わいで、
ふんわりと軽く、しっとりととろけます。
のどごしの余韻としても
キャラメルが香るシフォンです。
（作り方は74ページ）

抹茶ゼブラ

カット断面の抹茶の萌黄色の
ゼブラ模様が美しいシフォン。
鼻に抜ける抹茶の香りと
上品な苦みがバニラ生地とマッチします。
抹茶生地とバニラ生地の2つを同時進行で、
同じかたさに仕上げるのがコツです。
（作り方は76ページ）

ラズベリー
ゼブラ

ふんわり軽く、口溶けのよい、
乙女心をくすぐるピンク系シフォン。
ラズベリーの甘酸っぱさが
口の中に広がります。
ホワイトチョコでデコレーションすると、
よりキュートに。
（作り方は77ページ）

キャラメルゼブラ

材料（直径17cmのシフォン型1台分）

キャラメル卵黄生地

卵黄 … 30g
キャラメルクリーム
　はちみつ … 20g
　バター … 20g
　グラニュー糖 … 42g
　生クリーム … 45g
　バニラビーンズ … 1cm
米粉 … 40g

バニラ卵黄生地

卵黄 … 35g
牛乳 … 40g
米油 … 25g
バニラビーンズ … 2cm
米粉 … 50g

メレンゲ

卵白 … 185g
グラニュー糖 … 85g
レモン汁または酢 … 5mℓ

焼き時間

ガスオーブン：180℃　20〜24分
電気オーブン：180℃　25分

下準備

・卵白は卵黄生地を作っている間、ボウルごと冷凍庫、または冷蔵庫で冷やしておく。
・バニラビーンズは縦に切り目を入れ、種をしごき出す。
・湯せん用のお湯を沸かしておく。
・オーブンは180℃に予熱する。

作り方

1 キャラメルクリームを作る。小鍋にはちみつとごく薄切りにしたバターを入れて弱火にかけて煮溶かす。まず1/3量のグラニュー糖を加えて煮（写真a）、砂糖が完全に溶けてから、次の1/3量の砂糖を加えることを計3回くり返す。終始弱火で、焦げ茶色になるまで煮詰める（写真b）。

2 生クリームを電子レンジで20秒ほど温めて**1**に注ぎ（写真c）、木べらで混ぜる。

3 キャラメル卵黄生地を作る。ボウルに卵黄を入れて泡立て器で溶きほぐし、バニラビーンズ、**2**の順に加えて混ぜる（写真d）。

4 バニラ卵黄生地を作る。ボウルに卵黄を入れて泡立て器で溶きほぐし、牛乳、米油、バニラビーンズの順に加えて混ぜる。

5 **3**と**4**のボウルを泡立て器で混ぜながら、それぞれ湯せんに20秒ほどかける（写真e）。次にそれぞれに米粉を加えて、ダマがなくなるまで混ぜる（写真f）。

6 基本の「メレンゲを作る」（→p.12・6〜18）を参照して卵白にグラニュー糖とレモン汁または酢を加えて泡立て（写真g）、しっかりした均一なメレンゲを作る。グラニュー糖は3回に分けて加え、レモン汁または酢は少量ずつ数回に分けて加える。

7 メレンゲを半量ずつに分け、基本の「卵黄生地とメレンゲを混ぜる」（→p.15・19〜23）と同様の手順でバニラ卵黄生地とキャラメル卵黄生地にメレンゲを3回に分けて加え（写真h、i）、ゴムべらでメレンゲの泡を消さないように均一に混ぜ込む。生地につやがあり、ゆるんでいなければOK（写真j）。

8 型に生地を入れる。それぞれの生地を、対角線上の2カ所に、スプーンでひとすくいずつ側面と筒側にくっつけるように（写真k）、交互に重ねながら入れる（写真l、m）。型の上までできたら、型をゆすり（写真n）、さらにくり返し入れながら（写真o）、ゼブラ模様を作る。

9 型入れ後、生地の表面を筒側から型の側面に向かって、ゴムべらでならす（写真p）。予熱したオーブンで焼く。

10 焼き上がったら逆さにして冷まし、基本の「型からはずす」（→p.18・30〜37）と同様の手順でケーキを型からはずす。

抹茶ゼブラ

材料（直径17cmのシフォン型1台分）

バニラ卵黄生地

卵黄 … 30g
牛乳 … 35g
米油 … 20g
バニラビーンズ … 1cm
米粉 … 42g

抹茶卵黄生地

卵黄 … 30g
牛乳 … 37g
米油 … 20g
A 抹茶 … 5g
米粉 … 38g

メレンゲ

卵白 … 165g
グラニュー糖 … 75g
レモン汁または酢 … 5mℓ

焼き時間

ガスオーブン：	180℃	20～24分
電気オーブン：	180℃	25分

抹茶ゼブラとラズベリーゼブラの分量について

＊2つの生地を同時進行で仕上げることに慣れるまでには時間がかかります。型入れの時間がかかりすぎて生地がゆるんでしまった場合は、全体の生地量が極端に少なくなり、焼成後の立ち上がりが低くなる可能性があります。シフォン作り初心者の方はこのプロセスに慣れるまでは、各材料をすべて1.1倍にして全体の生地量を多めにして作ってみてください。

下準備

・卵白は卵黄生地を作っている間、ボウルごと冷凍庫、または冷蔵庫で冷やしておく。
・バニラビーンズは縦に切り目を入れ、種をしごき出す。
・湯せん用のお湯を沸かしておく。
・オーブンは180℃に予熱する。

作り方

1　バニラ卵黄生地を作る。ボウルに卵黄を入れて泡立て器で溶きほぐし、牛乳、米油、バニラビーンズの順に加えて混ぜる。

2　抹茶卵黄生地を作る。ボウルに卵黄を入れて泡立て器で溶きほぐし、牛乳、米油の順に加えて混ぜる。

3　1と2のボウルを泡立て器で混ぜながら、それぞれ湯せんに20秒ほどかける。

4　3のバニラ卵黄生地のボウルに米粉を加え、ダマがなくなるまで泡立て器で混ぜる。3の抹茶卵黄生地のボウルに合わせたAをふるいながら加え、ダマがなくなるまで混ぜる（写真a）。

5　基本の「メレンゲを作る」（→p.12・6～18）を参照して卵白にグラニュー糖とレモン汁または酢を加えて泡立て、しっかりした均一なメレンゲを作る。グラニュー糖は3回に分けて加え、レモン汁または酢は少量ずつ数回に分けて加える。

6　メレンゲを半量ずつに分け、基本の「卵黄生地とメレンゲを混ぜる」（→p.15・19～23）と同様の手順でバニラ卵黄生地と抹茶卵黄生地にメレンゲを3回に分けて加え、ゴムべらでメレンゲの泡を消さないように均一に混ぜ込む（写真b、c）。生地につやがあり、ゆるんでいなければOK（写真d）。

7　「型に生地を入れる」（→p.75・k～p）と同様の手順で6の生地を型に入れてゼブラ模様を作り、予熱したオーブンで焼く。

8　焼き上がったら逆さにして冷まし、基本の「型からはずす」（p.18・30～37）と同様の手順でケーキを型からはずす。

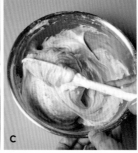

a　　b　　c　　d

ラズベリーゼブラ

材料（直径17cmのシフォン型1台分）

ラズベリー卵黄生地

卵黄 … 30g
ラズベリーピューレ（冷凍）… 60g

A ┌ レモン汁 … 7g
　　└ ラズベリーリキュール … 6g

米油 … 20g
ラズベリーフレーバー … 2～3ふり
米粉 … 42g

バニラ卵黄生地

卵黄 … 30g
牛乳 … 35g
米油 … 20g
ラズベリーフレーバー … 2～3ふり
米粉 … 42g

メレンゲ

卵白 … 160g
グラニュー糖 … 75g
レモン汁または酢 … 5mℓ

焼き時間

ガスオーブン：	180℃　20～24分
電気オーブン：	180℃　25分

下準備

・卵白は卵黄生地を作っている間、ボウルごと冷凍庫、または冷蔵庫で冷やしておく。
・湯せん用のお湯を沸かしておく。
・オーブンは180℃に予熱する。

作り方

1 ラズベリー卵黄生地を作る。冷凍庫から出したてのラズベリーピューレを耐熱容器に入れ、電子レンジで3分加熱して32gを計量する。合わせた**A**を加えて泡立て器で混ぜ、全体の重量を45gにする。

2 ボウルに卵黄を入れて泡立て器で溶きほぐし、**1**（写真**a**）、米油、ラズベリーフレーバーの順に加えて混ぜる。

3 バニラ卵黄生地を作る。ボウルに卵黄を入れて泡立て器で溶きほぐし、牛乳、米油、ラズベリーフレーバーの順に加えて混ぜる。

4 **2**と**3**のボウルを泡立て器で混ぜながら、それぞれ湯せんに20秒ほどかける。次にそれぞれ米粉を加えて、ダマがなくなるまで混ぜる（写真**b**）。

5 基本の「メレンゲを作る」（→p.12・6～18）を参照して卵白にグラニュー糖とレモン汁または酢を加えて泡立て、しっかりした均一なメレンゲを作る。グラニュー糖は3回に分けて加え、レモン汁または酢は少量ずつ数回に分けて加える。

6 メレンゲを半量ずつに分け、基本の「卵黄生地とメレンゲを混ぜる」（→p.15・19～23）と同様の手順でバニラ卵黄生地とラズベリー卵黄生地にメレンゲを3回に分けて加え（写真**c**）、ゴムべらでメレンゲの泡を消さないように均一に混ぜ込む。生地につやがあり、ゆるんでいなければOK（写真**d**）。

7 「型に生地を入れる」（→p.75・k～p）と同様の手順で**6**の生地を型に入れてゼブラ模様を作り、予熱したオーブンで焼く。

8 焼き上がったら逆さにして冷まし、基本の「型からはずす」（p18・30～37）と同様の手順でケーキを型からはずす。

┌─────────────┐
│ デコレーション │
└─────────────┘

ホワイトチョコレート60gを電子レンジで2分30秒～3分加熱して溶かし、カットしたシフォンにスプーンでたらりとかける。上にドライクランベリーやブルーベリーを飾る。

a

b

c

d

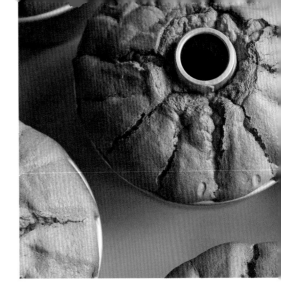

シフォンケーキNG例の
原因と対策

お菓子教室で質問の多いシフォンケーキの
失敗例と対策についてお答えします。

＊NGマークのついた写真は、受講者の方が撮影したものです。

生地作りが成功した場合、焼き上がり
直後はふっくらとした高さのある焼き
上がり方になります。完全に冷め、型出
しするときも空気に触れた部分の自然
現象としての下がりはありますが、そ
のふくらみ方の変化は、ほとんどあり
ません。型から4〜5cmふっくらと立ち
上がり、割れ目にもほどよい焼き色が
ついているのがベストな形です。生地
作りが失敗した場合、次のような焼き
上がりの形状が見られます。

「冷めるとふくらみが下がる」

〈原因〉：【密度が低く、空
気量が多い、ゆるいメレ
ンゲ】を作り、卵黄生地と
の混ぜ込みが甘いと、一
度は型からあふれるよう
に大きくふくらみますが、
びんに立てて冷まして
く過程で、爆発してふく
らんだ部分は空気に触れ
ることで急激に下がります。完全に冷め、型出しする
ときには、割れ目の部分のふくらみはなく平らに横に
広がったり、極端に縮んでいるのが、目視でも確認で
きます。底上げ、焼き縮み、大きな穴が開いているな
どの失敗が見られます。

「ふくらみのない山形の立ち上がり」

〈原因〉：焼成中、規則的
に上に向かってふくらん
ではいても、焼き上がり
直後のふくらみ方が弱く、
高さが低い山形の状態で
焼き上がることがありま
す。【密度が高く、空気量
が少ない、かためのメレ
ンゲ】を卵黄生地に混ぜ
込んだ場合、たとえ均一に混ぜ込むことができたとし
ても、生地自体のかさが少なくなり、ふくらみが悪く
なります。きめが詰まり、ふんわり度に欠けたシフォ
ンとなる上、口溶けのよい状態にはなりません。立ち
上がりの高さも低いので、甘さが凝縮された味わいに
なります。

「底上げ」

〈原因〉：程度の違いはありますが、ドーナツ状のくぼみができたり、筒周りの一部が湾曲してくぼむことを底上げといいます。メレンゲの状態にかかわらず、卵黄生地とメレンゲを混ぜ込む際に力強く不規則に混ぜ込んだ場合、生地のバランスが崩れ、生地中の油分が分離してくる状態が起こってきます。その油分が焼成中に沈み込み、その沈み込んだ部分が底上げになると考えられます。しいていえば、【密度が低く、空気量が多い、ゆるいメレンゲ】を作った場合に底上げは起こりやすく、たとえ力を抜いて、生地をゆるませないように均一に混ぜ込んだとしても、メレンゲ自体の状態が悪いので回避できません。

「筒周り空洞」

〈原因〉：型出し後、筒の周りに張りついているはずの生地が一部湾曲してはがれていたり、ドーナツ状に一周離れて空洞になっていたりする現象です。

【密度、空気量のバランスが整っているゆるめのメレンゲ】を卵黄生地と混ぜ込んだ場合、その混ぜ込みが甘いと、部分的に浅く湾曲した筒周り空洞となることが多いものです。【空気量にかかわらず、密度の高いかための メレンゲ】を卵黄生地と混ぜ込んだ場合、その混ぜ込みが甘いと深くドーナツ状に一周離れた筒周り空洞となります。

「焼き縮み」

〈原因〉：【密度が低く、空気量が多い、ゆるいメレンゲ】を作り、さらに混ぜ込みが甘いと、焼いたときに型からあふれるように大きく爆発気味にふくらみます。そのふくらんだ部分が空気に触れることによって極端に縮み、その縮んだ部分のきめの状態が目詰まりを起こします。これを焼き縮みといいます。

メレンゲと卵黄生地を混ぜ込む際、まだ均一な状態になっていない段階で混ぜ込むのをやめてしまったり、メレンゲと卵黄生地の混ざり具合にむらがあるときに焼き縮みが起こります。生地をゆるませないことは大前提ではありますが、中途半端な混ぜ方が一番失敗につながります。生地がゆるんだ場合には、高さの出ないシフォンにはなりますが、卵黄生地とメレンゲが均一に混ざり合っている状態であれば、焼き縮みは起こりません。

〈対策〉

いずれの場合も成功の秘訣は、のびのあるしっかりとしたメレンゲを作ることです。メレンゲのよしあしを判断する基準は、「かたさ」だけではありません。

端的にいえば、密度（締まり具合）・空気量（かさ）・かたさの整った均一なメレンゲを作ること。卵黄生地と混ぜ込む際に一定の力加減を保ちながら、規則的なリズムでゴムべらを動かし、メレンゲと卵黄生地をむらなく均一に混ぜ込むこと。最終でき上がり生地量が17cm型であれ

ば、型に対して九.五分目〜十分目になるまで混ぜることです。卵白を泡立てる際にハンドミキサーの羽根を勢いよく、大きく振りすぎるとメレンゲの空気量が多くなり、かさが増えてしまいがちです。メレンゲ自体のかさが多すぎると卵黄生地とメレンゲを均一に混ぜ込むことができたとしても、全量を型に入れることができず、生地が余ってしまうことになりますので、気をつけましょう。

中山真由美 | なかやま まゆみ

お世話になっている方へ、感謝の気持ちを伝えたいとの思いから独学でのお菓子作りにはまる。2006年自宅を改築して営業許可を取得。手作りお菓子のお店「chiffon chiffon」を始めるとともに、少人数制のお菓子教室をスタート。現在、シフォンと焼き菓子の通信講座と対面レッスンを随時開講中。的確な指導と飾らない人柄が人気で、お菓子作り初心者からプロの人まで全国から生徒さんが訪れ、すぐに予約待ちになるほど。すべて1人でこなすため、毎日フル回転の多忙な日々を送る。2023年11月現在、お菓子の販売は休止中。著書に『決定版ふわふわ、しっとり、とろけるシフォン』(家の光協会)ほか。

インスタグラム
http://www.instagram.com/chiffonchiffonnakayama

staff

デザイン／鳥沢智沙 (sunshine bird graphic)
撮影／邑口京一郎
スタイリング／城 素穂
企画・編集／内山美恵子、小島朋子
校正／安久都淳子
DTP制作／天龍社
撮影協力／中山雛子、UTUWA

ふんわりとろける米粉のシフォン

2023年12月20日　第1刷発行
2024年 1 月 5 日　第2刷発行

著　者　中山真由美
発行者　木下春雄
発行所　一般社団法人 家の光協会
　　　　〒162-8448　東京都新宿区市谷船河原町11
　　　　電話　03-3266-9029（販売）
　　　　　　　03-3266-9028（編集）
振　替　00150-1-4724
印刷・製本　図書印刷株式会社